Newid Aelwyd

Llyfr 5 o helyntion Tomos a Marged

W. J. Gruffydd

Rhagair gan J. R. Jones
Cartwnau gan Tegwyn Jones

GOMER

Argraffiad cyntaf—2000

ISBN 1 85902 827 6

ⓗ W. J. Gruffydd

Dymuna'r cyhoeddwyr gydnabod cymorth
Adrannau Cyngor Llyfrau Cymru.

Argraffwyd gan
Wasg Gomer, Llandysul, Ceredigion

Cynnwys

Rhagair

Cafodd storïau Tomos a Marged dderbyniad cynnes pan gyhoeddwyd hwy gyntaf fesul penodau wythnosol yn *Y Cymro* yn nechrau'r 1950au. Yn ddiweddarach, wedi'u cyhoeddi mewn cyfrolau, buan y diflannodd y tair gyntaf allan o brint. Roedd yr awdur ar y pryd yn weinidog ifanc gyda'r Bedyddwyr yn Nhal-y-bont, Ceredigion, ac un a ddeuai ar ymweliad â'r ardal oedd Iolo Aneurin Williams—sef gor-orwyr Iolo Morganwg—a weithiai fel gohebydd i'r *Times* yn Llundain; cymaint fu ei ddiddordeb yn y storïau, iddo fynd ati i gyfieithu rhai ohonynt a'u cyhoeddi yn y papur hwnnw gan ddwyn cyhoeddusrwydd pellach i'r ddau o'r Nant Gors Ddu.

A dyma ni'n cael y pleser o ddarllen y bumed gyfrol a fydd yn siŵr o dderbyn yr un ymateb cynnes. Rhan helaeth o lwyddiant y gyfres yw bod gan yr awdur y ddawn arbennig i bortreadu hen gymeriadau sy' â'u gwreiddiau'n ddwfn yn naear cefn gwlad. Cawn olwg ar eu cynefin, eu bywyd bob dydd a'u trafferthion amrywiol.

Er bod y ddau erbyn hyn wedi symud i fyw i dre fechan Llanamlwg, a'i chael yn anodd i ddygymod â'u hamgylchfyd newydd, eto yr un yw eu helbulon a'u troeon trwstan, a'r un difyrrwch a gawn ninnau wrth eu dilyn o bennod i bennod, ac mae'r cyfan wedi'i ysgrifennu mewn arddull gartrefol a'r iaith yn lân ac ystwyth.

Diolch i W.J. am gyfres Tomos a Marged, sy' wedi dwyn oriau o chwerthin iachus i lawer, yn ogystal â chostrelu darn o fywyd gwerinol sy'n prysur ddiflannu o'r tir.

J. R. Jones

O'r Nant i'r Llan

Ar ddydd Sul, y trydydd ar ddeg o Ragfyr, bu storm o wynt ac eira yn ei hanterth ar dir yr ymylon. Credai Sara Gors Ganol fod diwedd y byd wedi dod, ac wrth edrych allan yn ddamweiniol drwy ffenestr y gegin gwelodd gartws Nant Gors Ddu yn cael ei hyrddio fel bocs matsys dros y Banc. Dihangodd Leisa Gors Fawr i'r twll dan star oblegid yr oedd rhywun dylach na'r cyffredin wedi dweud ar y radio mai dyna'r lle mwyaf diogel pe disgynnai'r bom niwclear. Pan dawelodd y storm mentrodd Tomos a Marged allan i'r cyntedd o flaen y tŷ fel teulu Noa yn mentro o'r Arch ym more bach y byd. Cododd Marged ei dwylo mewn braw. 'Ble mae'r cartws wedi mynd, Tomos?'

Edrychodd yntau'n syn wrth ganfod nad oedd ond muriau moel ar ôl. Yr oedd y to sinc wedi diflannu. Dychwelodd y ddau yn ddiflas i'r gegin. Yr oedd y nos yn llwydo dros y wlad a'r eira yn dal i chwyrlïo'n lwch gwyn. Bu gosteg am ychydig cyn iddynt glywed sŵn y gwynt yn dychwelyd fel tarw bygythiol yn rhuo. Penderfynodd Tomos nad oedd yn ddoeth iddynt yn eu henaint dreulio gaeaf arall yn Nant Gors Ddu.

Daeth eu cyfle ynghynt nag y meddyliasant, a chredai Marged mai rhyw ryfedd Ragluniaeth a drefnodd y cyfan, oblegid ymhlith y cardiau Nadolig yr oedd llythyr pwysig ei olwg am fod 'Urgent' ar yr amlen yn tynnu sylw ar unwaith.

'Ma'r sgrifen yn debyg i sgrifen Ifan Defi,' meddai Marged wrth osod ei sbectol yn frysiog ar ei thrwyn. Yr oedd yn iawn, ie, llythyr oddi wrth Ifan Defi, mab Morgan ei chefnder, yr unig un o'i thylwyth a fentrodd i'r Weinidogaeth. Darllenodd hithau y llythyr yn uchel a phwyllog fel pe bai yn annerch cynulleidfa yn y gegin, y parlwr, a'r eil:

'Annwyl Bodo Marged ac Wncwl Tomos,

Efallai y byddwch yn synnu fy mod wedi cael amser i ysgrifennu atoch ond y mae gennyf fater pwysig i'w osod ger eich bron, gan fawr obeithio y byddwch yn rhoi ystyriaeth fanwl iddo'.

'Odi fe am fenthyg arian?' holodd Tomos, gan wthio ei het yn ôl ar ei wegil. Daliodd Marged i ddarllen heb wneud sylw ohono:

'Bu Megan a fi yn meddwl llawer amdanoch yn ystod y tywydd ysgeler a gawsom yn ddiweddar. Ond cystal i fi ddweud fy neges heb falu awyr. Mae Megan wedi bod yn ffodus i gael tŷ ar ôl Martha ei chyfnither oedd yn byw yn Llanamlwg, ac yr ydym yn awyddus iawn i chi fynd iddo.

Byddwn yn hapus iawn os derbyniwch ein cynnig. Fe'i cewch am rent rhesymol. A wnewch ffonio cyn dydd Sul, ac fe gawn drefnu wedyn i gyfarfod yn Hafod Lon. Rwy'n siŵr y byddwch yn hoffi'r tŷ.

Yr eiddoch yn gywir,
Ifan Defi a Megan.'

'Be' wyt ti'n feddwl am hyn'na?' A dyna enw bach neis yw Hafod Lon. Ma' fe'n well na "Mwntan Heits" y drws nesa iddo fe,' meddai Marged yn fonheddig.

Rhwbiodd Tomos y tyfiant tridiau oedd ar ei ên. Poerodd yn fedrus i'r tân. Gwthiodd ei fys o dan goler ei grys. Yr oedd yr holl symudiadau yn help iddo feddwl.

'Wel ma' fe'n gynnig da, whare teg i Ifan Defi a Megan. Bydd yn well inni fynd i weld y tŷ cyn penderfynu. Beth yw dy farn di?'

'Rwyt ti'n iawn, Tomos. Cer lawr at Hanna Jên, a gofyn iddi ffonio Ifan Defi i 'weud y byddwn ni'n dod lawr i weld y tŷ drennydd. Drennydd, cofia nawr. Ac os bydd popeth yn iawn, gofyn i Hanna Jên ffonio William Jones i ddod â'r tacsi tua un o'r gloch.'

Prynhawn dydd Mercher yr oedd gwragedd Heol Amlwg, Llanamlwg, yn lygaid ac yn glustiau i gyd pan welsant y tacsi llwythog yn sefyll o flaen Hafod Lon yn ymyl capel Moreia. Ymddadlwythodd y teithwyr yn drafferthus o un i un—Wil Soffi (alias William Jones), Marged, Leisa Gors Fawr, Sara Gors Ganol, a Tomos, na wyddai yn iawn pa un ai ei draed neu ei ben a ddylai fynd allan gyntaf.

Lledodd Leisa ei hysgwyddau, ac ymunionodd, ar ôl iddi gael ei gwasgu fel consertina yn y cerbyd. Plygodd ar ganol yr hewl i godi ei hosan yng ngwyddfod y byd a'r betws. Ymsythodd i gael golwg iawn ar Lanamlwg. Gallai dyngu fod y fenyw dew yn groes i'r stryd yn edrych yn fusneslyd arni o'r tu cefn i'r cyrtenni. Bloeddiodd mor hyglyw â phe bai adref wrth dalcen Gors Fawr.

'Sbia, Marged. Ma' siop groser fan'na. Fe fydd yn handi iawn i ti pan fydd rhywun dierth yn dod ar dy draws, a thithe heb fowr o fwyd yn y tŷ.'

Llawenychodd Marged wrth feddwl am ei lwc. Ond yr oedd Ifan Defi yn ei ddillad clerigol a'i goler gron wedi agor y drws i'w groesawu. Cerddasant yn barchus a boneddigaidd fel y dylent mewn tref ddieithr—Marged a Tomos, Leisa Gors Fawr, a Sara Gors Ganol. Yn ôl arferiad dreifers pell eisteddodd Wil yn ei dacsi i ddarllen y *Motoring Journal*. Edrychodd Marged drach ei chefn fel gwraig Lot. Cymhellodd yn daer ar dop ei llais nes bod y stryd yn clywed pob gair:

'Dowch miwn, William Jones. Do's dim byd preifat yn mynd mla'n.'

Gwridodd Ifan Defi at fôn ei glustiau, a chymrodd Megan arni ei bod yn brysur yn erlid pry copyn o fwrdd y ffenestr.

Ufuddhaodd Wil gan dynnu ei gap-â-phig cyn croesi'r trothwy. Safodd Leisa yn geg-agored. Edrychodd yn edmygus ar y grisiau carpedog a lliwgar oedd yn arwain i fyny o'r pasej.

'Wel, dyma star neis. Ma' honco sy gen i fel stâr lofft stabal, a rhacsen o sach wrth 'i gweilod hi. Dim ond rhwbeth i'r ast golli'i blew arni.'

'Jiw, jiw,' ychwanegodd Sara, 'edrych ar y rwm ffrynt. Ma' hon yn ddigon da i'r Cwin a'r Diwc.'

Chwarddodd Ifan Defi a Megan. Ni chawsant lawer o gymorth i chwerthin yn y weinidogaeth er y dydd pan dorrodd Ifan Defi ei ddyweddïad â phartneres Megan. Er bod y stori'n hen byddai'r gweinidog yn cael ei atgoffa am ei dwyll honedig yn awr ac yn y man, a gadawodd Saron, Cwmheble, ei eglwys gyntaf, yn eglwys gecrus a rhanedig. Ond yr oedd ymweliad llond tacsi o'r wlad yn help i anghofio diflastod bywyd.

'Ble rwyt ti Marged am roi'r sgiw?' holodd Tomos.

'Ti a dy sgiw,' ychwanegodd Leisa. 'Ddoi di ddim â'r hen sgiw lawr fan hyn. Bydd yn rhaid i chi ga'l soffa, a dwy gader i fatsho. Fe fyddwch yn byw mewn steil fel byddigions wedyn.

Cerddasant o stafell i stafell yn edrych mor bwysig ag arolygwyr y Bwrdd Croeso. Safodd Leisa yn stond ar ganol llawr y bathrwm. Syrthiodd ei llygaid ar y ciwbicl gloyw yn y gornel. Nid oedd wedi gweld ei gyffelyb o'r blaen.

'Beth yw'r gajet 'ma?' gofynnodd, a'i phen ar dro.

'Showyrs,' meddai Ifan Defi yn ddeallus wrth droi'r tap ymlaen i argyhoeddi'r anghredinwyr, a dangos sut yr oedd y ddyfais ryfedd yn gweithio. Ymwthiodd Marged a Sara a Leisa eu trwynau ymlaen i astudio'r ddyfais ddiweddaraf ym maes glanweithdra. Edrychodd Leisa yn ddwys a difrifol i lygaid Marged.

'Rwyt ti'n lwcus. Fe elli di olchi dy gorpws heb gwtsho yn y bath fel iâr ar ben domen ludw. Dyna beth iwsffwl fydde hwn i olchi'r fuwch cyn mynd â hi i'r mart. On'd yw pobol yn gneud pethe rhyfedd.'

Nid oedd gan Tomos fawr o ddiddordeb yn y tŷ a'i ragoriaethau. Aeth allan drwy ddrws y cefn, a gwelodd sièd ffowls a thwlc mochyn ar waelod yr ardd. Yr oedd yn ei baradwys, ac nid oedd un amheuaeth yn ei feddwl mwyach ynglŷn â chymryd y tŷ ar rent.

14

Mae'n wir nad oedd y sièd a'r twlc yn y cyflwr gorau, ond nid oedd fawr o waith atgyweirio arnynt i'w gwneud yn drigfannau teilwng i ffowls a mochyn.

Sicrhaodd Tomos ei hun y byddai wrth ei fodd yn Llanamlwg. Yna, llwythodd ei bibell i arogldarthu i'w gartref newydd, cyn brysio i ddweud wrth Marged am ei ddarganfyddiadau pwysig. Nid oedd Columbus yn hapusach wrth weld traethau America na phan ddaeth Tomos o hyd i sièd ffowls a thwlc mochyn adferadwy mewn anialwch ar waelod gardd Hafod Lon yn Llanamlwg. Ond beth wyddai Columbus am y llawenydd o ddod i hyd i sièd a thwlc?

Seimon y Sianticlir

Penderfynodd Leisa Gors Fawr gyflwyno ceiliog a dwy iâr yn bresant i Tomos a Marged yn eu cartref newydd yn Llanamlwg. Yr oedd ganddi dri rheswm rhesymol dros wneud hynny. Yn gyntaf, fel arwydd ac amlygiad o'u cyfeillgarwch a'u cymwynasau parod ar hyd y blynyddoedd pan oeddent yn gymdogion agos yn Nant Gors Ddu. Yn ail, fel gwerthfawrogiad am lety a bwyd yn ystod yr eira mawr pan fethodd hi fynd adref am noson a hanner dydd. Yn drydydd, am iddi sylwi fod ganddynt sièd ffowls wag, ac yn ôl athrawiaeth Leisa yr oedd hynny yn wastraff diangen, heb sôn am y pechod o adael i fara sych a sbarion tatws fynd i ffwrdd gyda'r gert ludw bob dydd Mawrth.

Ar y trydydd dydd Iau o'r mis disgynnodd Leisa yn ffyslyd a llwythog o'r bws yn union o flaen Hafod Lon, wedi iddi roi ordyrs pendant i'r gyrrwr fel pe bai hwnnw yn anghyfarwydd â heolydd Llanamlwg.

'Ma' postyn teligram o fla'n y tŷ,' meddai hi deirgwaith cyn cyrraedd. 'Dyco fe. Stopwch o fla'n y postyn teligram o fla'n y tŷ ar bwys y capel. Ma' Hafod Lon uwchben y drws.'

Wedi iddi ddisgyn yn araf a gofalus, tystiai'r ddwy sach aflonydd oedd yn ei dwylo fod y ceiliog a'r ddwy iâr yn fyw wedi'r daith drafferthus.

Digwyddodd Marged fod yn edrych allan drwy'r ffenestr pan welodd hi Leisa yn ceisio agor y glwyd a gweiddi 'Thenciw fowr' ar y gyrrwr yr un pryd. Brysiodd Marged i agor y drws i groesawu'r hen gymdoges. Byddai'n falch i gael cwmni a chlonc Leisa i fyrhau tipyn ar y prynhawn gaeafol. Edrychodd yn syn ar y ddwy sach yn ymysgwyd.

'Be' ar wmed y ddeiar sy yn y sache 'na?' gofynnodd mewn chwilfrydedd.

Bustachodd Leisa yn chwys diferu wrth ymwthio ei chorff trwsgwl a'r sachau drwy'r glwyd. Edrychodd y fenyw fain yn y got ffwr ym mhen blaen y bws ar y ddwy fenyw werinol yn cyfarfod rhwng y tŷ a'r glwyd heb hyd yn oed gyfarch ei gilydd â chusan yn ôl arfer cymdeithas waraidd. Syllodd arnynt yn atgas dros ei thrwyn. Yr oedd cleber didoreth Leisa ar hyd y daith wedi merwino ei chlustiau.

'Ma' gen i syrpreis i ti a Tomos,' meddai Leisa wrth Marged.

'Gobeithio nad wyt ti wedi dod â dwy gath,' atebodd Marged gan edrych yn amheus ar y sachau.

Ni ellir beio Marged am fod yn ddrwgdybus oblegid fe wyddai hi am wendid Leisa. Ni chredai mewn boddi cathod newydd-anedig, ond eu magu a'u maldodi cyn eu rhannu rhwng cartrefi'r fro, gan dyngu ar ei llw na fu erioed gath fel eu mam am lygota. Bu adegau pan fyddai Marged yn falch o gael cath ifanc i ddifa'r llygod yn Nant Gors Ddu, ac yr oedd digonedd o laeth ar ei chyfer. Gobeithio nad cathod oedd yn y sachau. Beth arall a allai fod yno? Ond eglurodd Leisa wrth roi'r sachau yn ofalus ar lawr y gegin, fel rhyw Santa Clos wedi cyrraedd y festri a'i anrhegion. Cnodd Marged ei gwefus wrth ddisgwyl i'r gyfrinach gael ei datgelu.

'Ma' gen i ddwy gywen a cheilog yn bresant i chi.'

Cododd Marged ei dwylo mewn diolchgarwch. Daeth Tomos i'r tŷ o'r ardd, a llawenychodd yntau wrth feddwl y byddai ganddo yntau rywbeth i'w ddiddori o ddydd i ddydd wrth gadw llygaid ar y ffowls. Chware teg i Leisa, meddyliodd. A mawr fu'r ffwdan a'r difyrrwch wrth roi'r ceiliog a'i ddwy wraig yn y sièd ffowls ar waelod yr ardd. Yr oedd Tomos a Marged wrth eu bodd yn gwrando ar Leisa yn parablu'n huawdl:

'Seimon yw enw'r ceiliog, a Mair a Martha yw'r ddwy gywen. Mair yw'r un leia o'r ddwy.'

Chwarddodd y tri yn iachus fel awelon tir yr ymylon, wrth droi i gyfeiriad y tŷ. Yr oedd dwy awr a hanner gan y ddwy fenyw i roi'r byd yn ei le cyn i Leisa ddal y bws tuag adre i deimlo'n

19

ddiflas a hiraethus wrth weld Nant Gors Ddu yn wag.

Teimlai Marged yn hapus am iddi gael hwyl wrth wneud tarten afalau y bore hwnnw, gan ei bod yn gwybod mai dyna oedd hoff darten Leisa. Aeth Tomos yn ei flaen heibio i dalcen y tŷ.

'Ble rwyt ti'n mynd?' gwaeddodd Marged yn ddigon uchel i'r stryd ei chlywed. Dyna'r drwg o fyw mewn tref.

'I'r siop i nôl bwyd i'r ffowls,' gwaeddodd yntau'n uwch.

'Fe gaiff Seimon a Mair a Martha gartre da,' meddai Marged wrth Leisa.

*   *   *

Yn blygeiniol fore trannoeth ymsythodd Seimon yn dalog ar ei glwyd yn y sièd ffowls. Yr oedd diwrnod arall yn gwawrio. Nid yn unig ymffrostiai Seimon yn ei wragedd ond ymfalchïai yn ei lais soniarus. Penderfynodd wneud sioe o'i dalent leisiol, er bod y lle'n ddieithr iddo, a safodd ar flaenau ei draed gan ymestyn ei wddf i ganu fel na chanodd ceiliog erioed. O rywle yn y pellter daeth ymateb gydag awel y dydd, a bu cystadleuaeth ffyrnig rhwng dau sianticlir. Yn y gwely pluf yn yr ystafell gefn ar lofft Hafod Lon pwniodd Marged ei phenelin i ystlys Tomos.

'Glywi di Seimon yn canu? Dyna lais bach pert sy gydag e.'

Ymollyngodd Tomos yn araf a chyndyn o freichiau cwsg. Rhwbiodd ei drwyn, a gwrando'n astud. Yna, clywodd yntau y llais clir a threiddgar yn croesawu diwrnod arall. Gallai dystio ei fod yn ei ôl yn Nant Gors Ddu. Gwenodd Tomos. Chwarddodd Marged. Byddai Seimon a Mair a Martha yn help iddynt setlo lawr yn Llanamlwg.

Nid oedd Mabon Bach, ysgrifennydd lleol cangen Undeb y Gweithwyr, yn teimlo fel chwerthin pan gafodd ei aflonyddu gan fwstwr boreol y ceiliog coch. Bu yn hwyr iawn arno yn cyrraedd adref o'r Pwyllgor Rhanbarthol y noson cynt, a phenderfynasai gysgu hyd adeg cinio, gan fod ganddo bwyllgor pwysig arall y prynhawn hwnnw. Heblaw hyn bu ar ddihun am oriau wrth ofidio fod posibilrwydd iddo golli ei swydd yn yr etholiad a gynhelid cyn pen pythefnos. Daeth i'w glyw fod clic y Llew Du am ei gael o'r ffordd er mwyn i fab y diweddar Moses Evans Bowen ennill y sedd a gollodd ei dad yn yr etholiad blaenorol.

Tynnodd Mabon Bach ddillad y gwely dros ei ben, ond nid oedd diwedd ar gân groch y ceiliog pryfoclyd, ac nid oedd ganddo syniad pwy oedd ei berchennog. Gobeithiai ei fod yn eiddo i un o gyfeillion mab Moses Evans Bowen fel y gallai gwyno wrth 'Gymdeithas Atal Ceiliogod i Ganu'n Blygeiniol Mewn Trefi a Phentrefi.'

Cododd i dynnu'r cyrtenni trwchus yn groes i'r ffenestr, ond nid oedd dim yn tycio.

Nid oedd Defis y Sgwlyn wedi cysgu llawer hefyd. Ni chawsai noson gyfan o esmwythyd er pan ddaethai'r taclau drygionus o Loeger i fyw i'r ardal gyda'u rhieni. Nid oedd disgyblu arnynt, ac ni feiddiai roi bonclust i'r un ohonynt. Yn wir aethai pob disgyblaeth i ddifancoll wedi esgymuno'r gansen o'r ysgol. Er hynny dechreuai cwsg ei orchfygu tua tri o'r gloch y bore, ac ni ddihunai hyd wyth o'r gloch.

Ond bore dydd Gwener daeth sŵn y ceiliog i daro fel cynddaredd cloc larwm ar ei glustiau toc wedi toriad dydd. Fel Mabon Bach penderfynodd Defis ddod o hyd i berchennog y ceiliog i ddweud yn blaen fod y disdyrbans yn torri ar heddwch boreol Llanamlwg. Dihunwyd P.C. Rivers hefyd gan y mwstwr mawr. Yn wahanol i Mabon Bach a Defis y Sgwlyn yr oedd yr heddgeidwad wrth ei fodd, oblegid ers blwyddyn bellach bu'n fain iawn arno i ddod o hyd i achos teilwng i'w ddwyn o flaen y llys. Aeth y Siwper mor ddirmygus a gofyn iddo a oedd yn mwynhau ei wyliau yn Llanamlwg.

Gwisgodd P.C. Rivers ei ddillad swyddogol ar hast a brysiodd i lawr y stryd. Fe ddangosai i'r Siwper ei fod yn godwr bore. Cyn dod at gapel

Moreia safodd i wrando. Gwyddai mai o'r cyfeiriad hwnnw y daethai'r sŵn oedd yn torri un o ddeddfau Prydain Fawr yn rhacs. Erbyn hyn yr oedd y ceiliog wedi distewi, a throdd P.C. Rivers ar ei sodlau i ddychwelyd at ei gornfflecs cyn dringo'r grisiau i'w wely i freuddwydio am ymddeoliad cynnar i fwthyn rhwng y mynyddoedd lle nad oes na Siwper na cheiliogod anweledig.

Colli Rhagor o Gwsg

Daliai'r ceiliog coch a gawsai Tomos a Marged gan Leisa Gors Fawr i ddeffro rhai o drigolion Llanamlwg yn afresymol o fore, a mawr oedd y cwyno ar Ddydd yr Arglwydd pan oedd y rhai na ellid eu cyfrif gyda'r saint yn dymuno gorwedd yn eu gwelyau esmwyth hyd yr awr ginio. Daethant i ddygymod â chloch yr eglwys yn byddaru'r dref i alw hanner dwsin at ei gilydd erbyn wyth, ond yr oedd organ lleisiol Seimon y ceiliog cyn saith y bore yn ormod i'r cymdogion, ar wahân i'r Parchedig John Padarn Huws, ficer eglwys Amlwg Sant. Credai ef y dylai pob plwyfolyn cydwybodol agor ei lygaid yn gynnar ar fore Sul.

Nid felly Mabon Bach. Cythruddwyd ef yn y fath fodd fel y penderfynodd alw pwyllgor brys o'r Cyngor Cymuned, a nos Sul cyhoeddwyd yn yr eglwys a'r capeli fod y pwyllgor i gyfarfod yn neuadd y dref am saith o'r gloch nos Fercher. Ac ar y noson benodedig yr oedd yr aelodau yno'n gryno.

Cododd Mabon Bach yn araf ar ei draed i egluro beth oedd pwrpas y pwyllgor brys.

'Annwyl gyd-aelode,

Diolch yn fowr i chi am ddod ar notis mor fyr. Ma' mater pwysig a delicet i ga'l 'i drafod, a gweud y gwir ma' fe'n fater pwysig iawn. Fel y'ch chi'n gwbod ma'r bobol newydd sy wedi dod i fyw i Hafod Lon yn cadw ffowls. Mater i'r Helth Othoritis yw rhoi hawl iddyn nhw gadw ffowls, ond ma' cwyn wedi dod i fi fod y cilog sy gyda'r ffowls yn deffro'r gymdogeth yn gynnar yn y bore. Fel aelod o'r Iwnion ar hyd y blynydde ma' gen i gydymdeimlad mowr â'r gwithwrs sy'n ca'l 'u deffro cyn pryd, a ma'n rhaid i ni neud rhwbeth ar unwaith. Ein cyfrifoldeb ni, comreds, yw rhoi stop ar y cilog a'r distyrbans.'

Sychodd Mabon Bach y chwys o'i dalcen ac eisteddodd i ddisgwyl barn y Cyngor Cymuned ar y mater o dan sylw. Llawenychodd yn y ffaith ei fod wedi llwyddo i gyflwyno'r broblem mor drefnus o gofio mai dyna'r tro cyntaf iddo lefaru o'r Gadair y bu'r diweddar Moses Evans Bowen yn eistedd ynddi yn rhy hir. Syllodd Defis y Sgwlyn yn ddiflas tua'r llawr wrth feddwl ei fod wedi colli rhaglen dda ar y teledu i fynd i neuadd y dref i wrando ar falu awyr ynglŷn â rhyw geiliog oedd yn deffro gyda'r wawr.

'Pwy yw perchennog y ceilog?' gofynnodd Reuben Nymber Ten, gan wrando yn syn ar ei lais ei hun am y tro cyntaf yn gyhoeddus. Cododd y Parchedig Andreas Jones, gweinidog Moreia, ar ei draed yn hamddenol. Yr oedd ei wyneb fel wyneb angel.

'Mistir Cadeirydd a Chyfeillion—

Rhaid inni beidio bod yn fyrbwyll. Dylem setlo'r broblem hon o safbwynt yr Efengyl. Rhaid inni ymarfer cariad brawdol—'

'Do's fowr o gariad brawdol yn y cilog 'na,' torrodd Reuben Nymber Ten ar ei draws. Aeth Mr Jones yn ei flaen:

'Dyw Tomos a Marged Williams oedd yn arfer byw ar y mynydd yn Nant Gors Ddu ddim yn sylweddoli fod cadw ceiliog yn y dref yn wahanol i gadw ceiliog yn y wlad. Rhaid inni ymddwyn fel gwir Gristnogion.'

'Dyw'r cilog ddim yn Gristion,' oedd ymateb Reuben.

'Mistir Sherman. Odi Mr a Mrs Tomos Williams yn torri cyfreth Pryden Fowr,' holodd Byrti Nymber Sefn, gan godi ac eistedd fel jac-yn-y-bocs.

'Ie, rhaid i ni fod yn ofalus iawn,' meddai Defis y Sgwlyn.

Yr oedd Mabon Bach yn barod i ateb cwestiwn Reuben. Yr oedd yn tybio cyn cychwyn o'r tŷ y byddai'r fath gwestiwn twp yn cael ei ofyn. Tynnodd gopi treuliedig o *Everyone's Lawyer* o'i boced, gan ddarllen y paragraff ar waelod tudalen 97.

'Gwrandwch ar hwn,' meddai fel barnwr yn cyhoeddi tynged yr euog:

'"Public nuisance is an act which endangers

26

the life, health, prosperity, or comfort of the public, or enjoyment of rights common to all His Majesty's subjects". Ma' gyda ni afel yn y fan 'na.'

'A ddarllensoch chi *His Majesty*?' gofynnodd y Parchedig Andreas Jones a oedd mewn gwir gydymdeimlad â Tomos a Marged. Ffyrnigodd Mabon Bach nes bod y gadair yn crynu o dan ei ben ôl.

'Dyw hynny ddim yn gneud gronyn o wahaniaeth, dim ond dweud 'Her Majesty' yn lle 'His Majesty'. Ma'r copi sy gen i yn hen, ond ma'r gyfreth yn aros.'

'Rwy'n cynnig ein bod ni'n cael gair bach efo Mistir a Mistres Tomos Williams. Rwy'n siŵr y byddant hwy yn ystyried gweithredu i rwystro'r aderyn rhag aflonyddu ar gwsg esmwyth eu cymdogion,' meddai'r Parchedig Andreas Jones yn gall ac yn ffein yn iaith y pulpud.

'Rwy'n eilio,' ategodd Defis y Sgwlyn, mewn brys i ruthro adref at y teledu.

Ond yr oedd Mabon Bach yn hen ymladdwr cyndyn. Dysgasai hynny yn sgarmesoedd yr Undeb pan oedd yn swyddog yn y gangen leol. Yn y diwedd mynnodd ei ffordd i gael dau o aelodau'r Cyngor Cymuned i fynd gydag ef yn blygeiniol fore trannoeth i ysbïo o gwmpas cyffiniau'r sièd ffowls, a threfnu pwyllgor brys arall i setlo tynged y ceiliog troseddol unwaith ac am byth. A dewiswyd Reuben Nymber Ten a Byrti Nymber Sefn i fynd allan o'u gwelyau cynnes yn gwmni i Mabon Bach am hanner awr wedi chwech fore trannoeth.

Penderfynodd y Parchedig Andreas Jones alw heibio i Hafod Lon ar ei ffordd adref. Nid ei fwriad oedd datgelu cyfrinachau'r Cyngor Cymuned, ond estyn gwahoddiad i Tomos a Marged i fynychu capel Moreia, er na fyddai'n syndod iddo pe clywai fod Lewis Horeb wedi cyrraedd yno ddyddiau o'i flaen. Cyn iddo guro bron yr oedd Marged wedi agor y drws, ac yn disgwyl iddo ddweud ei neges.

'Andreas Jones, gweinidog Moreia, ydw i. Dim ond galw heibio i estyn croeso i chi i Lanamlwg, ac i'ch hysbysu y bydd yr un croeso yn eich disgwyl os byddwch yn dymuno mynychu capel Moreia.'

'Dowch miwn, Mr Andras bach. Ma' Tomos Ni yn y cefen yn dal pen rheswm â'r tân. Fe fydd e'n falch iawn i ga'l cwmni.'

Yr oedd y Parchedig Andreas Jones wrth ei fodd yn cael ei foddi gan y fath dderbyniad. A mwy y croeso pan ddeallodd Tomos fod y Parchedig fel yntau yn smocio pibell. Yn well fyth yr oedd y ddau yn gaethweision i'r un math o faco, a chyn i'r ddwy bibellaid gyfeillgar lwyr losgi yr oedd Marged wedi gosod bwyd ar y bwrdd.

'Dowch i ga'l cwpaned. Rhaid i chi 'i gymryd e fel y ma' fe.'

Gosododd Tomos ei bibell ar y silff ben tân, a rhoddodd Marged de yn y tebot cyn i weinidog Moreia ofyn bendith.

'Cymrwch gaws, Mr Andreas. Tipyn yn siarp yw e, ond fytith Tomos Ni ddim caws arall.'

Oedd, yr oedd Lewis Horeb wedi galw heibio i Tomos a Marged cyn iddynt gael amser i agor y drws, ac wedi bod yn ei helpu i gludo rhai o'r celfi i'r tŷ newydd. Ac ni fynnai Marged gelu'r ffaith.

'Ma' fe'n ddyn bach neis. Ond, Mr Andreas bach, fydde Tomos a fi ddim yn setlo lawr yn 'i gapel e. Ro'dd e'n gweud pethe digon dwl am rai o'i 'lode, a ma'n rhaid i fi 'i gredu, wa'th ma' fe'n weinidog.'

Gwenodd y Parchedig Andreas Jones er gwaethaf y caws siarp a losgai ei dafod a'i wefusau. Penderfynodd yn gam neu yn gymwys gynghori Tomos a Marged ynglŷn â'r ceiliog heb ddatgelu'r ffaith y byddai ysbïwyr o'r Cyngor Cymuned yn prowlan o gwmpas yn y bore bach.

'Cymrwch ragor o gaws, Mr Andreas,' cymhellodd Marged.

'Dim diolch,' atebodd y Parchedig ar ôl llwyddo i wthio darn o'r caws oedd ar ei blât i boced ei wasgod.

29

'Rwy'n deall eich bod chi'n cadw ffowls,' meddai.

'Dyna dda i chi 'weud. Fe gewch chi ddou wy bach ffres i fynd adre. Dyna biti na fydde gen i ragor,' oedd ateb Marged.

'Na, nid hynny. Rhywbeth arall oedd gen i mewn golwg,' brysiodd Mr Jones i egluro.

Ni wnaeth gweinidog Moreia ond gwenu wrth ddweud yn ei ffordd gellweirus fod y ceiliog yn ei ddeffro ar doriad gwawr bob bore, ac na fedrai fynd yn ei ôl i gysgu wedyn. Wrth gwrs yr oedd hyn yn gelwydd ar wefusau Gwas yr Arglwydd, ond celwydd er daioni ydoedd, oblegid wedi i'r Parchedig Andreas Jones droi tuag adref aeth Tomos i'r sièd ffowls i symud Seimon y ceiliog coch o'i glwyd, a'i osod o dan fwced yng nghornel y sièd fel na fedrai goleuni'r wawr ei gymell i ganu nes deffro'r gymdogaeth.

Ffowlyn i'r Parchedig

Yn y llwydnos ar doriad gwawr yr oedd Mabon Bach, Byrti Nymber Sefn, a Reuben Nymber Ten, wedi codi'n annaearol o fore yn barod i fynd allan yn dri ysbïwr ar ran y Cyngor Cymuned. Cafodd y tri eu hethol yn unfrydol i brofi mai ceiliog coch Tomos a Marged oedd yn deffro'r cymdogion anfoddog yn blygeiniol bob bore.

Yn ôl y trefniadau a wnaed ganddynt ymlaen llaw yr oeddent wedi cyfarfod ar yr amser penodedig ar y sgwâr. Nid oedd Reuben yn ei hwyliau gorau, ac yr oedd wedi difaru am ei fod wedi caniatáu i'w enw fynd ymlaen. Tynnodd goler ei got fawr i fyny dros ei glustiau.

'Dwy' ddim yn teimlo fel gneud jobyn fel hyn dros y Parish Cownsil.'

'Pam lai?' gofynnodd Byrti, gan ddriflo i'r gwynt.

'Meddwl mai hen ŵr a hen wraig yw perchnogion y cilog.'

'Ma'n rhaid i ni ofalu am fuddianne'r trethdalwyr. Dyna dy waith di, a finne, a Reuben. Os wyt ti am fynd adre cer nawr. Ma' digon o gownslers fydde'n falch o dy jobyn di,' ceryddodd Mabon Bach wrth danio stwmpyn gwerinol o sigarét.

Cerddasant yn llechwraidd heibio i gapel Moreia. Draw ar y mynydd yr oedd y wawr yn torri rhwng y cymylau melyn. Trawodd Reuben ei droed yn erbyn y bin sbwriel a adawyd allan i'r gert ludw. Ar yr union foment deffrowyd rhyw gi gan y terfysg a dechreuodd gyfarth yn gynddeiriog yn ei genel. Yna, daeth cyfarthiadau parod tri neu bedwar o gŵn eraill o wahanol gyfeiriadau.

'Dyma beth yw cymanfa gŵn,' meddai Byrti.

'Pam na fyddi di Reuben yn fwy gofalus ble rwyt ti'n rhoi dy dra'd,' ffromodd Mabon Bach.

*   *   *

Tua'r un adeg deffrodd y Parchedig Andreas Jones yn ei wely sengl yn y 'stafell gefn uwchben y parlwr. Yr oedd yntau hefyd yn aelod o'r Cyngor Cymuned oddi ar ei awr fawr pan gafodd y fraint o orchfygu Lewis Horeb, yn rhacs. Nid oedd Andreas wedi hoffi'r syniad plentynnaidd o anfon tri ysbïwr allan yn y bore cynnar, a phenderfynodd ddysgu gwers i Mabon Bach. Gafaelodd yn y teliffon oedd yn ymyl ei wely, a deialu 01202. Bu Andreas yn actiwr penigamp yn ystod ei ddyddiau coleg. Toc, daeth ateb i'w alwad.

'Llanamlwg Police Station. Can I help you?'

'Gwrandwch,' meddai'r llais main. 'Ma'

32

dynion drwg o gwmpas sièd ffowls Hafod Lon, Stryd y Capel.'

Gosododd Andreas y ffôn i lawr. Neidiodd P.C. Rivers allan o'i wâl esmwyth. Nid oedd wedi cael galwad ffôn mor fore ers misoedd. Fe fyddai'n bluen yn ei helmet pe bai'n dal troseddwyr mor gynnar yn y dydd. Ni fedrai'r Prif ddannod iddo wedyn fod ei ben ôl yn eistedd mewn lleoedd hyfryd. Cyn bo hir byddai tair streipen arian ar ei lawes dde, a thair arall ar ei lawes chwith. Brasgamodd nerth ei draed dros y llwybr cyfarwydd wrth gefnau'r tai mewn ras â'r wawr, a'i holl fryd ar ddal y drwg-weithredwyr oedd yn llercian yn Llanamlwg.

Erbyn hyn yr oedd Mabon Bach, Reuben, a Byrti wedi cyrraedd y clawdd uchel oedd rhyngddynt a'r sièd ffowls. Yn fuan iawn byddai ganddynt dystiolaeth bendant pwy oedd y pechadur adeiniog a fu'n gyfrifol am greu'r fath ddistyrbans. Taniodd Byrti fatsien i fwynhau sigarét bleserus wrth wylio a gwrando. Ond drylliwyd ei freuddwydion gan fygythion Mabon Bach.

'Y ffŵl dwl. Wyt ti'n meddwl y bydd y cilog yn canu yn dy sŵn di?' Pwdodd Byrti Nymber Sefn.

Yn sydyn fflachiodd goleuni llachar ar eu hwynebau gwelw. Gymaint oedd y sioc fel na fedrai'r tri ddweud yr un gair na symud llaw na

throed fel pe baent wedi rhewi wrth y ddaear. Fe'u syfrdanwyd gan sydynrwydd y weithred, a theimlent fel plant wedi cael eu dal yn gwneud drygioni.

'Be sy'n mynd mla'n 'ma?' gofynnodd y llais yr abnabu'r tri.

'Popeth yn iawn, offisyr. Mi fedra i egluro popeth,' meddai Mabon Bach.

Teimlai P.C. Rivers yn flin ei fod wedi gwrando ar y neges ffug ar y ffôn. Gobeithio na ddeuai ei gydweithwyr na'r Prif i wybod yr helynt.

'Sut o'ch chi'n gwbod ein bod ni yma?' gofynnodd Reuben, heb ddod dros y sioc.

'Greddf plisman,' meddai P.C. Rivers, er mwyn adennill ychydig o'i hunan-barch. Ond yr oedd ei ddannedd yn rhincian yn y llwydrew gwyn. Edrychodd y pedwar dros y clawdd. Gwelsant ddwy iâr hamddenol yn dod atynt y tu arall i'r ffens. Nid oedd sôn am y ceiliog yn unman. Brysiodd P.C. Rivers, Mabon Bach, Reuben Nymber Ten a Byrti Nymber Sefn ar hast i'w cartrefi.

* * *

Yn ddiweddarach yn y dydd yr oedd y Parchedig Andreas Jones, gweinidog Moreia, yn absenoldeb ei wraig a aethai i'r W.I., yn pori'n ddyfal yn Llyfr Job am destun addas ar gyfer y Sul, ond nid oedd fawr o hwyl am ei fod yn ysu am fynd allan am dro i'r dref. Yn sydyn canodd cloch drws y cefn a brysiodd y Parchedig i'w hateb.

'Rhywun yn dod i ofyn am destimonial,' meddyliodd ag ef ei hun.

Agorodd y drws yn bwyllog. Yno, yn wên o glust i glust safai Marged Williams, Hafod Lon, a pharsel yn ei llaw. Nid yn fynych y deuai rhywun â pharsel iddo.

'Dowch i mewn, Marged Williams.'

'Na wir, Mr Andreas bach, rwy am ddal y siop cyn iddi gau. Ma' Tomos a fi am roi ffowlyn i chi a Mrs Jones erbyn y Sul.'

Wrth edrych ar y ffowlyn braf a'r persli rhwng ei goesau ac o dan ei geseiliau daeth testun pregeth fel fflach o ysbrydoliaeth iddo: 'Bwrw dy fara ar wyneb y dyfroedd canys ti a'i cei ar ôl llawer o ddyddiau.'

Ond y prynhawn Saboth hwnnw cafodd y Parchedig Andreas Jones a'i wraig rywbeth gwell na bara i ymborthi arno. Ac ni ddaeth neb arall i wybod chwaith pam na chanodd y ceiliog drachefn ar doriad gwawr.

Yn Erbyn y Symbylau

Penderfynodd Tomos a Marged fynd i'r oedfa fore Sul ym Moreia, Llanamlwg, am y tro cyntaf ar ôl iddynt symud i Hafod Lon. Yr oedd dillad Tomos yn barod iddo ar gefn y stôl wrth dalcen y leinpres. Edrychodd yntau yn syn arnynt wrth godi o'i wely, a gwaeddodd yn groch ar Marged am eglurhad. Ni fyddai'n gwisgo'r siwt honno ond i fynd i angladd, neu i gyfarfod mwy arbennig na'i gilydd. Aeth i ben y grisiau yn ei grys a'i drôns.

'Dwy' i ddim yn mynd i wisgo'r siwt ore y bore 'ma.'

'Wrth gwrs dy fod ti. Ma' pobol barchus, â thipyn o steil, yn mynd i Moreia.'

'Ma'r dillad erill yn ddigon da, fenyw.'

'Gwisga dy siwt ore, neu cer 'nôl i'r gwely. Wyt ti ddim i wisgo'r siwt lwyd sy wedi bod yn y mart. Bydd sôn am dy esgyrn di, a fi fydd yn ca'l y bai.'

'Ma' rhyw benyne arnat ti, Marged, byth a hefyd.'

Aeth Tomos i wisgo ei ddillad gorau yn ddigon anfoddog. Nid oeddent yn gorwedd mor esmwyth a chysurus am ei gorff â'i siwt ail-orau. Gallai smocio wrth ei fodd yn honno heb ofni difrod y gwreichion tân o'i bibell.

'Wyt ti'n dod, Tomos?' gwaeddodd Marged o waelod y grisiau, bron colli ei hamynedd.

'Rho amser i fi. Ma'r trowsus 'ma fel cro'n mwydyn amdana i.'

Ni wyddai Marged sut y gallai trowsus fod fel croen abwydyn, a cherddai yn ôl ac ymlaen gan edrych yn ysbeidiol ar y cloc.

'Dere, Tomos, neu fe fyddwn ni'n ddiweddar.'

Gwisgodd Tomos ei got fel ci yn ymestyn o'i gwsg. Daeth i lawr y grisiau a sefyll fel sowldiwr ar lawr y gegin. Gafaelodd yn ei got fawr o'r gadair o flaen y tân a'i gwisgo'n ddigon trafferthus.

'Rwyt ti, Tomos, yn mynd yn rhy dew.'

'Nid fi'n sy'n rhy dew. Y dillad 'ma sy'n rhy fach.'

Wedi cael trefn ar Tomos cerddodd y ddau i lawr y stryd, a chroesi'r ffordd i gapel Moreia. Daeth y Parchedig Andreas Jones a'i briod allan o'r Mans gerllaw. Gwenodd y ddau yn serchog a chroesawgar.

'Bore da, Mr Andreas bach, a shwd y'ch chi, Mrs Andreas,' meddai Marged, a gwenodd y pedwar ar ei gilydd yn gariadus.

'Ffeindiwch sedd i Mr a Mrs Williams,' meddai'r Parchedig wrth y dyn a safai'n stond wrth y drws fel model mewn siop dilledydd.

Dadebrodd y model, gan ufuddhau yn ostyngedig. Sylwodd Tomos ar y gwahaniaeth rhwng aelodau capel y wlad ac aelodau capel y dref. Byddai hanner cynulleidfa'r Capel Bach lle bu ef a Marged yn addoli am flynyddoedd yn clebran y tu allan cyn dechrau'r oedfa, a phan ganai cloch eglwys y plwyf i fyny ar y bryn rhuthrent i mewn i'r capel un ar ôl y llall fel defaid yn cyrchu at eu bwyd ar dywydd rhew.

'Dilynwch fi,' meddai'r porthor bonheddig yn y siwt olau, wrth estyn llyfr emynau i Tomos.

'Fydda i byth yn canu,' meddai Tomos yn uchel. Yn ddigon uchel i Mrs Andreas Jones blygu ei phen i chwerthin yn boleit i'w hances poced. Derbyniodd Marged y llyfr emynau yn foesgar a diolchgar.

'Thenciw, syr,' meddai hi, cyn eistedd yn ymyl Tomos.

Edrychodd Tomos o'i gwmpas i astudio pensaernïaeth yr adeilad crand. Pam ar wyneb y ddaear yr oedd yn rhaid codi capel mor fawr i wastraffu cymaint o goed pitshpein? Faint oedd yno, tybed? Wyth . . . Naw . . . Deg . . . Edrychodd yn ôl i gyfrif y lleill, ond rhoddodd Marged hergwd â'i phenelin yn y man gwan o dan ei asennau lle cafodd opereshon pendics slawer dydd.

I ble yr aeth y Parchedig Andreas Jones? Byddai Mr Jones, gweinidog y Capel Bach, yn eistedd yn y sêt fawr a'i gefn at y pulpud bob Sul cyn cychwyn yr oedfa, gan daflu ambell air at y diaconiaid. Ond yn y capel rhyfedd hwn nid oedd neb yn y pulpud, nac o dan y pulpud, nac yn y sêt fawr. Edrychodd Tomos ar ei watsh drom, English-lever. Deg o'r gloch.

'Ping,' meddai rhyw gloc prin ei anadl yn rhywle.

Agorodd llaw anweledig ddrws y festri, a daeth y Parchedig Andreas Jones i'r amlwg, a'i ddiaconiaid yn ei ddilyn yn ufudd a defosiynol, cyn iddo eu gadael ar y llawr a dringo i'r pulpud. Daeth sŵn organ o rywle yn crynu'r capel, a dechreuodd yr addolwyr ganu 'Dyfod mae yr awr ac yn awr y mae hi'. Neidiodd Tomos ar ei draed yn reddfol, ond yr oedd pawb arall yn canu ar eu heistedd gan blygu eu pennau fel defaid mewn storm o eira. Gafaelodd Marged yn chwyrn yng nghynffon ei got, ac eisteddodd yntau'n blwmp mewn protest. Ni fedrai ddeall crefyddwyr yn canu ar eu heistedd i insyltio'r Brenin Mawr.

Rywbryd yn ystod y bregeth sylwodd Tomos nad oedd y dynion yn gwisgo eu cotiau mawr, am fod y capel yn annioddefol o dwym. Wedi hir feddwl daeth i'r penderfyniad fod y gwres yn dod o dan ei sedd. Plygodd i roi ei law o dani. Yr oedd y bibell wresogi yn ferwedig o boeth. Fel y twymai'r gweinidog at ei bregeth, teimlai Tomos effeithiau'r gwres, a phender-fynodd dynnu ei got fawr pan gâi gyfle. Ond y broblem fawr oedd gwneud hynny heb dynnu sylw'r gynulleidfa a eisteddai yn y cefn.

Troëdigaeth Saul o Tarsus oedd testun y Parchedig Andreas Jones y bore hwnnw. Hen bregeth ydoedd gyda rhai newidiadau er mwyn taflu llwch i lygaid y saint. Gellid dweud yn onest fod y pennau yn newydd. Gwrandawai Tomos yn astud, mor astud ag y medrai o dan y fath amgylchiadau. Nid oedd y Parchedig wedi gorffen traethu ar yr ail ben eto, felly yr oedd o leiaf chwarter awr i fynd.

'Pan fyddi di'n dod at y pen nesa fe gaiff y got 'ma ddod off,' meddai Tomos wrtho'i hunan. Ac felly y bu.

'Dyma ni'n dod at y Gwirionedd Olaf,' meddai'r pregethwr.

Neidiodd Tomos ar ei draed o'i sedd ar ganol y llawr. Hwn oedd ei gyfle i dynnu ei got fawr frethyn cyn iddo fygu i farwolaeth. Mewn ymdrech galed, fel broga yn ymegnïo i ymddihatru o'i groen gaeafol, yr oedd Tomos yn domen o chwys.

'Caled yw i ti wingo yn erbyn y symbylau,' gwaeddodd Jones yn hwyliog wrth geisio hoelio sylw ei gynulleidfa denau ar Saul o Tarsus yn ei argyfwng.

'Caled yw hi i finne hefyd,' meddai Tomos o dan ei ddannedd, heb sylweddoli y gallai rhywrai ei glywed.

Daeth rhyw ysgafnder dros y gwrandawyr. Pawb ond Mrs Eleias Elis. Tybiai hi mai cabledd o'r radd eithaf oedd chwerthin rhwng muriau Moreia. Gallai pwy bynnag a fynnai gellweirio rhwng colofnau Horeb. Edrychodd y diaconiaid drach eu cefnau rhwng eu bysedd, ac yna troesant eu hwynebau i wrando'n sobr ar y gweinidog yn ôl arfer swyddogion parchus.

Aeth pregeth y Parchedig Andreas Jones i ymdoddi yn y gwres llethol. Aeth pythefnos heibio cyn i Mrs Eleias Elis ddod ati hi ei hun. A phenderfyniad y brodyr yn y Cwrdd Diaconiaid nos Sul, a hynny yn unfrydol, oedd eu bod yn gosod y sedd gefn yn ymyl y drws at wasanaeth Sabothol Mr a Mrs Tomos Williams, Hafod Lon. Y penderfyniad a wrthodwyd yn bendant gan Tomos am na fedrai glywed y pregethwr wrth eistedd yn 'sêt y da hesbon, hanner milltir o'r pwlpud.'

Tomos a'r Ci Tarw

Uchelgais fawr Miss Ceinwen Jonathan a drigai y drws nesaf i Tomos a Marged oedd ennill gwobr yn sioe gŵn Crufts. Bu bron iddi lwyddo unwaith pan ddaeth ei sbaniel, 'Amlwg Lady Godiva' yn agos iawn i ennill anfarwoldeb iddi hi a thref Llanamlwg. Yn ôl Miss Jonathan yr oedd yr ast fuddugol o frid un o gŵn y beirniad ei hun, ond stori arall yw honno. Beth bynnag am hynny, bu farw Lady Godiva o sioc, ac fe'i claddwyd yn barchus o dan y clwstwr briallu yng ngwaelod yr ardd ymhlith arwyddion mawr o alar.

Pan ddaeth yr amser iddi sychu ei dagrau a rhoi heibio ei hiraeth penderfynodd Miss Jonathan fynd i sioe Crufts heb sôn gair wrth ei chymdogion a'i pherthnasau. Ar ei dychweliad sibrydodd ei chyfrinach yng nghlust y postman, a chyhoeddodd hwnnw o dŷ i dŷ oedd â'u drysau'n agored fod Miss Jonathan wedi prynu bwldog o uchel dras buddugwyr eisteddfodau'r cŵn. Nid oedd un amheuaeth yn ei meddwl na fyddai'r bwldog hwn, 'Cotswold Hills Nero the Sixth' yn dod ag enwogrwydd mawr i Lanamlwg yn ystod y blynyddoedd nesaf.

'Ma'n well i ti fynd draw i weld y ci bach gan ein bod yn gymdogion agos,' meddai Marged wedi iddi glywed y stori yn siop y groser. 'A chofia di 'i ganmol e i'r cymyle. Fe fydd Miss Jonathan yn falch os gnei di hynny.'

Gafaelodd Tomos mewn crystyn bara oddi ar fwrdd y gegin, ond fe'i gwelwyd gan Marged.

'Rho'r crwstyn 'na 'nôl ar y bwrdd. Dyw ci bach pedigri ddim yn byta cryste, dim ond biscits sbeshal.'

'Ma' fe'n lwcus,' chwyrnodd Tomos wrth roi ei het ar ei ben i fynd drwy'r ardd i dŷ Miss Jonathan i weld y rhyfeddod y talwyd cannoedd o bunnoedd amdano.

'Gwisga dy goler a dy dei,' gorchmynnodd Marged.

'Pam ma'n rhaid i fi wisgo coler a thei i fynd i weld ci bwldog sy'n rhy ddelicet i fyta cryste bara?' gofynnodd Tomos wrth droi yn ei ôl ar drothwy'r drws cefn.

'Ma' tipyn o steil yn perthyn i Miss Jonathan.'

Marged a orfu. Ufuddhaodd yn benstiff, a cherddodd yn dalog dros lwybyr concrid yr ardd i ddrws y consyrfatri y drws nesaf. Ni welodd fotwm y gloch a gwthiodd ei drwyn heibio i'r gwydr i geisio gweld rhwng y jyraniyms ar y stand uchel. Gwaeddodd nerth ei geg i ofyn a oedd rhywun yn y tŷ.

Brysiodd Miss Jonathan o'r gegin gefn yn ei slipers cochion. Rhoddodd ei bys ar ei swch i rybuddio'r ymwelydd i beidio cadw cymaint o sŵn. Ni ddeallodd Tomos yr arwyddion bys-a-swch ar y funud. Nid oedd ef yn gyfarwydd â mosiynau o'r fath. Dyna'r gwahaniaeth rhwng byw yn y dref a byw yng nghefn gwlad. Rhoddodd gynnig arall arni.

'Rwy wedi dod i weld y bwldog.'

'Dowch yn ddistaw bach. Ma' Mistir Nero yn cysgu.'

Mistir Nero? Beth nesaf?

Wrth ei dilyn ni fedrai Tomos ddeall pam yr oedd angen cymaint o gwsg ar gi hyd yn oed os oedd wedi costio arian mawr i'w brynu. Gosododd Miss Jonathan ei bys ar ei swch drachefn. Teimlai Tomos fel pe bai yn cerdded i stafell lle roedd rhywun yn wael iawn ei iechyd.

'Dyco fe,' sibrydodd hi yng nghlust Tomos. Yr oedd aroglau persawr yn dew ar ei hwyneb a'i dillad. Yna, cododd ei llais yn uwch.

'Ma'r un bach wedi dihuno. Beth y'ch chi'n feddwl ohono fe?'

Edrychodd Tomos yn syn ar y bwldog a oedd erbyn hyn wedi codi ar ei draed yn y fasged foethus o flaen y tân. Ni welsai greadur mor hyll erioed. A beth oedd pwrpas creadur o'r fath?

'Ma' nhw'n gweud y'ch bod chi wedi talu arian mowr amdano fe.'

'Do, Mr Williams. Mae e'n rial bedigri.'

Nid oedd Tomos wedi gweld bwldog byw o'r blaen. Gwelsai lun bwldog anferth ar boster ym Mhorthcawl ar ddiwrnod trip yr Ysgol Sul. Heddiw yr oedd ar yr un aelwyd â'r creadur nad oedd eto yn ei lawn dwf. Syllodd ar ei wyneb rhyfedd. Tybed a oedd ei dad neu ei dad-cu wedi taro ei dalcen yn erbyn wal wrth erlid cath, a bod yr ergyd wedi amharu ar wynebau yr hil?

'Miss Jonathan fach, ewch chi ddim â hwn i'r shows?'

'Pam lai?' gofynnodd hithau'n bryderus.

Crafodd Tomos ei ên. Dylai ddweud y gwir wrthi cyn iddi wario mwy o'i harian ar oferedd.

'Drychwch ar 'i wmed e. Weles i ddim ci mor salw yn 'y mywyd. Pam na fyddech chi wedi prynu corgi? Ma' hwnnw yn gi rispectabl, ac yn Gymro hyd at fôn 'i gynffon.'

Pe bai rhywun arall wedi dweud hynny buasai Miss Jonathan wedi ei erlid dros y drws yn ddiseremoni. Yr oedd cornel cynnes yn ei chalon i Tomos. Mae'n wir iddi wrido mewn tymer am ychydig, ond tynerodd ei thymer a daeth ati ei hun yn fuan. Chwarddodd yn iachus, a gwenodd Tomos.

'Ry'ch chi'n ddoniol, Mr Williams.'

'Pam na 'wedwch chi "Tomos" yn lle "Mr Williams". Ma' "Mr Williams" yn swno fel dyn dierth. Rydyn ni yn gymdogion drws nesa.'

Gwridodd Miss Jonathan, ond nid mewn tymer y tro hwn.

'Ceinwen ydw i, nid Miss Jonathan i chi,' meddai hithau'n swil, gan godi ei sgarff sidan dros ei gwddf i guddio rhychau henaint y deng mlynedd a thrigain.

'Gymrwch chi gwpaned o goffi, Tomos?'

'Fe gymra i gwpaned o de,' atebodd yntau.

Nid oedd Tomos yn esmwyth ei feddwl pan eisteddodd yn ymyl y fasged wellt oblegid noethodd Nero ei ddannedd arno. Felly hwn oedd 'Cotswold Hills Nero the Sixth' a ddaethai i Gymru i roi enw Miss Jonathan a Llanamlwg ar y map.

Yn y stafell frecwast canfu Miss Jonathan er mawr ofid iddi nad oedd ganddi fisgeden i fynd gyda'r te i Tomos. Dychwelodd i'r gegin.

'Fydda i fawr o dro. Rwy'n mynd draw i'r siop.'

Cyn i Tomos gael cyfle i ddweud yr un gair yr oedd hi wedi gwisgo ei chot flewog, a diflannu fel geneth ifanc trwy ddrws y ffrynt. Ni fedrai Tomos ddeall pam yr oedd yn rhaid iddi fynd i'r siop ar hanner gwneud cwpanaid o de. Estynnodd ei law i oglais Nero, ac fe fu'n ffodus i'w thynnu yn ôl mewn pryd cyn i'r ci gael ei ddannedd miniog am ei fys. Yna, clywodd lais Marged yn gweiddi arno wrth ddrws y consyrfatri.

'Dere, Tomos. Ma' rhywun eisie dy weld yn y tŷ.'

Cododd Tomos i fynd ar unwaith i weld pwy oedd yn disgwyl amdano. Yr oedd Nero hefyd yr un mor benderfynol na châi'r dieithryn ymadael o'r gegin cyn i'w feistres ddychwelyd. Onid un o'i frid a welwyd gynt ar bosteri lliwgar yn symbol o wydnwch yr Ymerodraeth Brydeinig lle nad oedd yr haul byth yn machlud? Ac onid rhesymol wasanaeth Nero the Sixth oedd gwarchod buddiannau ei berchennog yn eiddigeddus. Yno y safent ar lawr y gegin yn herio ei gilydd megis hen elynion y canrifoedd. Y dyn yn edrych i lawr yn amheus ar y ci, a'r ci yn syllu i fyny yn fygythiol ar y dyn.

'Cer o'r ffordd . . . y ci dwl . . .' meddai Tomos.

Ni ddeallai Nero yr un gair o Gymraeg. Cafodd ei eni draw ar y Cotswolds, a'i feithrin yn ofalus ar fwydydd oedd yn deilwng o'i frid enwog. Yr oedd cyndynrwydd ei deidiau yn ei wythiennau. Nid heb resymau digonol y dewisodd y John Bwl boldew, gyda'r het uchel, a baner Jac yr Undeb ar ei fynwes, y brid hwn yn arwydd ac amlygiad o ystyfnigrwydd ei genedl pan oedd Prydain yn Brydain Fawr yn cipio trefedigaeth ar ôl trefedigaeth.

'Dere, Tomos,' gwaeddodd Marged wedyn.

Rhuthrodd Tomos allan o'r tŷ am ei fywyd,

heb fod ronyn gwaeth na bod rhwyg yn ei drowsus yn dystiolaeth bendant o ffyrnigrwydd 'Cotsworld Hills Nero the Sixth'.

Yr oedd y Parchedig Andreas Jones yn eistedd wrth y tân yn gwledda ar de a sgons pan gyrhaeddodd Tomos ei aelwyd ei hun fel milwr yn cyrraedd o faes y gad ar ôl brwydr galed.

'Rwyt ti wedi rhwygo dy drowsus yn rhywle,' ceryddodd Marged.

Adroddodd Tomos y stori'n fanwl a chelfydd. Chwarddodd bugail Moreia nes bod ei fol yn ysgwyd.

Pan ddychwelodd Miss Jonathan ar frys o'r siop canfu fod yr ymwelydd wedi diflannu. Fe wyddai hi y deuai yn ei ôl am fod ei het ym mhalfau Nero.

'Noti boi,' meddai, gan gipio'r het a'i gosod yn barchus ar y stand ddillad yn y fynedfa. Mae'n wir fod yr het wedi gweld ei hamser gorau, ond yr oedd edrych arni yn gwneud i Ceinwen Jonathan deimlo'n ddrygionus a hapus.

Sgandal y Mawn Mynydd

Canai'r aderyn du yn orfoleddus rhwng cangau'r gelynen ar glawdd yr ardd. Yr oedd Miss Ceinwen Jonathan yn teimlo flynyddoedd yn ieuangach na'i hoedran. Penderfynodd fynd am dro yn y Morris Minor oedd fel hithau yn gwadu ei oed. Safai Tomos wrth gefn y tŷ pan ddaeth Ceinwen allan i fynd i'r garej. Fe'i gwelodd yn cludo rhaw fechan a chwdyn plastig yn eu dwylo.

'Bore da,' meddai hi yn serchog.

'Bore da,' atebodd yntau, â'i ben mewn cymylau o fwg baco shag.

'Rwy'n mynd i chwilio am fawn i roi ar y blode yn yr ardd.'

'Ma' digon o dir mawnog o gwmpas Nant Gors Ddu,' meddai Tomos mor barod ei gymorth.

'Ddowch chi gyda fi i ddangos?' meddai hithau yn gynhyrfus.

Crafodd Tomos ei dalcen mewn penbleth. Y broblem oedd fod Marged allan yn siopa. A ddylai aros nes iddi hi ddychwelyd? Ond nid oedd ffordd bell i Nant Gors Ddu. Byddent yn eu holau cyn pen awr. Ac i ffwrdd ag ef yn y Morris Minor hynafol. Mor braf oedd cael cyfle i weld Nant Gors Ddu unwaith eto. Trueni na fyddai Marged o gwmpas, er mwyn iddi hithau gael trip am ddim i'w hen gynefin. Yr oedd

Miss Jonathan wrth ei bodd. Suai grŵn esmwyth injan y cerbyd yn fiwsig yn ei chlustiau. I fyny ar y llechwedd pranciai oen cyntaf y tymor yn sbriwus yn yr haul wrth redeg ras â'i gysgod. Sylweddolai Miss Jonathan fod tymor y deffro yn y tir. Onid oedd y gwanwyn yn llifo'n rhamantus yn ei gwaed hithau? Pan oedd yn ferch ifanc syrthiodd mewn cariad â Bifan y ciwrat, a bu'n rhaid iddi ddewis rhwng gwas yr Arglwydd a'i mam. Dewisodd aros yn sengl i ofalu am ei mam. Pan ymadawodd ei mam â'r fuchedd hon yr oedd Bifan wedi priodi eilwaith. Profiad rhamantus yn ei hen ddyddiau oedd cael dyn i eistedd yn ei hymyl yn y car.

'Ma' Morris bach yn mynd yn dda,' meddai Tomos.

'Odi, a meddwl 'i fod e'n hen fel finne.'

'Dy'ch chi ddim yn hen. Ma' golwg ifanc arnoch chi.'

Pe medrai hi ei mynegi ei hun mewn cân fe ganai gorws yr Haleliwia wedi iddi gael y ganmoliaeth ei bod yn edrych yn ifanc. Tybed ai Rhagluniaeth a arweiniodd Tomos, a Marged o ran hynny, i fyw y drws nesaf iddi? Bellach, yn lle byw ar atgofion am Bifan y ciwrat merchetaidd yr oedd ganddi ddyn rial yn ei hymyl.

'Y'ch chi'n gyfforddus?' gofynnodd.

'Fe leiciwn i ga'l taith fel hyn i'r Nefo'dd,' atebodd yntau gan anghofio ei henaint.

Teimlai Tomos fod y Morris Minor yn croesi pont yr afon fel pe bai yn chwyrnellu uwchlaw'r Iorddonen ddofn, ac yntau yn gweld bryniau'r paradwysaidd dir o gwmpas Nant Gors Ddu yn dod i'r golwg yn y man. Teimlai Ceinwen ei bod hi eisoes yn y Nefoedd.

* * *

Golchai Hanna Jên—sy'n byw yn ymyl y ciosg teliffôn—ei sgidiau wellingtons yng nghwm yr afon o dan y tŷ pan safodd y cerbyd gyferbyn â hi. Blinasai Hanna Jên ers blynyddoedd ddangos y ffordd i dwristiaid. Rhoddodd y dyn ei ben allan drwy'r ffenestr.

'Shwd wyt ti Hanna Jên yr hen gywen?' gwaeddodd Tomos.

Pan adnabu hi'r llais a'i berchennog bu bron iddi lefaru'r gair amrwd na cheir mohono yn y Beibl na geiriadur Mathetes. Llusgodd ei hun yn drafferthus i fyny i'r ffordd gul. Bu bron i'w llygaid neidio allan o'u socedi pan welodd hi mai menyw oedd yn gyrru.

'Ble ma' Marged Williams?' holodd fel cyfreithiwr dibrofiad.

'Ro'dd hi allan yn siopa. Wydde hi ddim fod

Miss Jonathan a fi yn dod lan i gasglu sachaid o fawn.'

Aeth pen Hanna Jên i wegian fel fyrtigo. Rhwbiodd ei thalcen wrth ymdrechu i roi'r ffeithiau wrth ei gilydd. Yn gyntaf, yr oedd Tomos wedi dod heb yn wybod i Marged. Yn ail, menyw oedd yn gyrru. Yn drydydd, yr oedd y ddau yn casglu mawn ym mis Mawrth. Pwysai yn drwm ar y Morris Minor pan symudodd y cerbyd i ffwrdd yn araf, a'i gadael i edrych yn syn ar Tomos yn cael ei gludo i'r mynydd ar gyfeiliorn. Beth pe gwyddai Mr Jones, gweinidog y Capel Bach? Brysiodd i rannu'r sgandal rhwng Leisa Gors Fawr a Sara Gors Ganol, dwy gymdoges i Tomos a Marged yn nyddiau Nant Gors Ddu.

Agorodd Miss Jonathan ffenestr y Morris Minor er mwyn anadlu awelon iach ac ysbrydoledig y bryniau. Nid oedd wedi teimlo fel hyn ers y gwanwyn hwnnw pan gafodd ei chludo ar biliwn moto beic Bifan y ciwrat i lan Llyn Eiddwen.

Yn sydyn, dechreuodd injan y Morris Minor fygu a thagu cyn stopio'n stond. Gwylltiodd Miss Jonathan cyn ei meddiannu ei hun wrth ystyried yn ddiolchgar fod Tomos yn gwmni iddi. Aeth allan a chodi bonet y cerbyd. Torrodd y newydd drwg i Tomos.

'Ma'r ffanbelt wedi torri.'

Gofynnodd Tomos am eglurhad ac esboniad, am na wyddai ond y nesaf peth i ddim am y cymysgwch o fecanyddiaeth oedd o dan y bonet. Ond cafodd hi weledigaeth.

'Rwy wedi darllen yn rhywle fod hosan menyw yn gneud y tro yn lle ffanbelt.'

'Wel treiwch ych hosan,' meddai Tomos. Unrhyw beth, meddyliodd er mwyn mynd adref at Marged. Roedd honno, siŵr o fod, yn ofid i gyd.

'Rhaid i chi edrych ffor' draw,' meddai hi.

Trodd Tomos ei gefn fel gŵr bonheddig, a thynnodd hithau ei hosan yn swil. Do, fe weithiodd yr hosan yn ddigon effeithiol i gael y cerbyd i fynd mor bell â'r ciosg teliffon yn ymyl tŷ Hanna Jên. Bu'n rhaid anghofio am y mawn ar gyfer y blodau, a ffonio i gael dyn y garej allan.

Sbiodd Hanna Jên rhwng y cyrtenni ar y fenyw fain yn dod allan o'i cherbyd. Nid oeddent wedi cael amser i gasglu mawn. A bu bron iddi lewygu pan sylwodd mai un hosan a wisgai'r fenyw. Rhedodd i gloi'r drws. Nid oedd am siarad â Tomos, na'r fenyw, rhag ofn y byddai'n rhaid iddi fod yn dyst yn y llys pan fyddai Marged yn hawlio ysgariad am ymddygiad anfoesol ei gŵr.

* * *

55

Daethai Marged adref o'r siop yn llwythog o negeseuau. Yr oedd hefyd wedi galw heibio i'r siop bysgod i brynu ffishffingyrs yn ginio i Tomos, gan ei fod yn dwlu arnynt.

Yr oedd y ffishffingyrs wedi'u hen goginio, ond nid oedd sôn am Tomos. Aeth i dŷ Miss Jonathan i chwilio amdano, heb gael ateb. Yr oedd y drws ar glo, ac nid oedd y car yn y garej. Cerddodd i lawr y stryd yn ofidus. Na, nid oedd neb wedi ei weld. Aeth y newydd o dŷ i dŷ. Dechreuodd y cymdogion ymgasglu. Ni fyddai Tomos byth yn gadael y tŷ heb ddweud. Beth os oedd rhywrai wedi ei gipio, a mynd ag ef i ffwrdd? Gwyddai Marged fod y papurau a'r cyfryngau radio a theledu yn llawn o storïau felly.

Daeth P.C. Rivers o rywle. Bu'n rhaid i Marged ateb cwestiynau ynglŷn â Tomos.

Na, nid oedd arwydd fod ei gof yn pallu.

Na, ni fyddai Tomos yn breuddwydio rhedeg i ffwrdd gyda menyw arall.

Oeddent, roeddent yn hapus iawn yn eu bywyd priodasol.

Na, nid oedd wedi rhoi yr awgrym lleiaf ei fod am gymryd ei fywyd. A bu gwaedd a churo dwylo y tu allan. Cyrhaeddodd Marged y drws cyn i'r plismon gael cyfle i roi ei lyfr nodiadau yn ei boced. Canfu ben Tomos y tu ôl i'r

56

winsgrin, ond canfu fwy pan ddaeth Ceinwen Jonathan allan o'r Morris Minor yn brin o hosan. Aeth Marged i'r parlwr i grio. A ffishffingyrs wedi oeri a gafodd Tomos yn ginio diweddar iawn.

Trallod y Whilber

Eisteddai'r ddau yn nistawrwydd llethol y gegin yn chwalu meddyliau. Yr oedd rhywbeth yn gwasgu ar Tomos, a bu'n hir cyn dweud ei gŵyn. Sylweddolai fod gwaith clirio yn yr ardd, a bod cawodydd Ebrill ddeuddydd yn ôl wedi cyflyru tyfiant y chwyn. Mae'n rhaid i fi ga'l whilber i glirio'r annibendod yn yr ardd neu fe fyddwn o'r golwg yn yr anialwch.'

'Fe ewn ni lan i'r Cop i brynu whilber. Dere i ni ga'l mynd 'nawr,' meddai Marged.

'Cer i newid dy ddillad,' ychwanegodd yn ymwybodol beth fyddai'r ateb. Nid oedd modd ei gael i wisgo'n deidi i fynd allan i'r dref.

'Dim ond i'r Cop ry'n ni'n mynd. Do's dim rhaid newid i fynd i brynu whilber,' protestiodd Tomos yn chwyrn.

Edrychodd Marged yn geryddol arno. Dringodd Tomos y grisiau'n ddiflas i gyflawni'r gorchwyl annymunol. Dyna'r drwg o fyw mewn tref grachaidd fel Llanamlwg. Ni feiddiai roi ei drwyn gydag ymyl y drws i fynd allan heb i Marged roi gorchymyn iddo i wisgo ei goler a'i dei.

'Ble rwyt ti, Tomos?'

'Be sy'n bod arnat ti? Rho amser i fi.'

Edrychodd Tomos ar lun ei fam wrth dalcen ffenestr y stafell wely. Gwenodd hithau arno fel y gwnaethai ers trigain mlynedd er pan dynnwyd y llun.

'Dere, Tomos,' gwaeddodd Marged yn ddi-amynedd.

Ymddangosodd Tomos ar waelod y grisiau i brofi ei fod wedi dychwelyd i'r llawr.

'Dere.' Ac i ffwrdd â nhw ar eu taith i brynu whilber, mor bwysig â phe baent yn mynd i brynu llong.

'Prynhawn da,' meddai Defis y Sgwlyn wrth docio'r goeden rosynnau ar waelod y dreif.

'Prynhawn da,' gwaeddodd y Cemist o ddrws ei siop beraroglus.

'Prynhawn da,' cyfarchodd y Parchedig John Padarn Huws, ficer eglwys Amlwg Sant, wrth arwain ei afr i bori'r fynwent. A brefodd yr afr ei chyfarchion hithau, cyn tynnu ar ei thennyn i dystio fod hast arni.

'Ma' pawb yn serchog,' meddai Marged wedi cyrraedd y Co-op, gan oedi y tu allan i glandro ymhlith y sosbannau.

Aeth Tomos yn ei flaen i gyntedd y siop â'i feddwl, ei holl feddwl, ar whilber, a dim ond whilber. Yn sydyn neidiodd rhywbeth tebyg i arolygydd o'i guddfan yn ddwylo ac yn wên i gyd i groesawu cwsmer nas gwelsai o'r blaen.

'Whilber,' meddai Tomos.

'Berfa,' atebodd y dwylo a'r wên. 'This way. Follow me.'

Allan wedyn at Marged a'r sosbannau. A thu hwnt iddynt yr oedd pedair whilber. Diflannodd y dyn prysur.

Bu Tomos a Marged yn pwyso a mesur yn feirniadol cyn dewis y whilber loyw â'r olwyn rwber. Yr oedd Tomos wrth ei fodd. Mor wahanol ydoedd i'r whilber drwsgwl oedd ganddo yn carthu'r beudy yn Nant Gors Ddu. Gallai wthio hon am filltiroedd heb flino.

'Wyt ti am brynu hon?'

Nodiodd Tomos ei ben mor llawen â phlentyn yn cael tegan wrth ei fodd . . . Ond yr oedd rhywun wedi glanio yn eu hymyl. Setlwyd y pris mewn boddhad gan y tri.

'Fe ddown â hi i lawr i chi bore fory,' cynigiodd y manijer, wedi i Marged dalu ag arian parod. Gellid tybio wrth ei osgo a'i wedd nad oedd yn gwerthu whilber bob dydd.

'Rwy'n mynd â hi nawr,' meddai Tomos yn ei lawenydd gan wthio'r whilber tuag adref. Brysiodd Marged ar ei ôl i lawr y stryd. Daeth y gwragedd allan i ddrysau eu tai i weld yr orymdaith yn mynd heibio.

'Stopa, Tomos,' meddai Marged o flaen siop y groser. Cofiodd yntau ei fod yn brin o faco, ac fe'i dilynodd i'r siop gan adael y whilber ar ganol

60

y palmant. Yr oedd digon o amser gan y groser, ac aeth y sgwrs yn hir. Ar ganol stori tywyllwyd y drws gan ddwylath o blismon yn edrych yn ffyrnig. Llefarodd P.C. Rivers yn awdurdodol.

'Pwy yw perchennog y whilber sy allan fan'na?'

Mor falch oedd Tomos o'i harddel. Llawenychodd hefyd fod plismon mewn tref wedi rhoi munudau o'i amser prin i glodfori whilber.

'Y'ch chi yn 'i hoffi? Fe synnwch chi pan glywch faint dalodd Marged a fi amdani. Ond dyna fe, fe fydd yn whilber am oes.'

Gwthiodd P.C. Rivers ei ysgwyddau i fyny at ei glustiau. Yr oedd holl bwerau llywodraeth Prydain Fawr at ei wasanaeth.

'Wyddech chi fod y whilber yn rhwystro'r traffig ar y palmant?'

Synnodd Tomos at y fath ensyniad. Bu'n defnyddio whilber am ddegau o flynyddoedd yn Nant Gors Ddu. Ni chwynai Wil Soffi pan ddeuai â'i dacsi i'r ffald os byddai whilber wedi cael ei gadael yno yn esgeulus. Yr oedd Wil yn ddigon o ŵr bonheddig i yrru heibio iddi, neu o'i chwmpas, heb unrhyw stŵr di-alw-amdano.

'Symudwch y whilber!' cyfarthodd P.C. Rivers, nes i Tomos ymateb fel dyn wedi cael sioc drydan.

Ymgasglodd tyrfa o flaen y siop. Eithriad oedd gweld plismon piws ei wyneb yn rhoi

gorchymyn i ddyn symud whilber oddi ar balmant. Ni fedrai neb gofio am ddigwyddiad o'r fath yn Llanamlwg.

Wedyn, mor hunanfeddiannol oedd y gyfraith wrth symud y palmantwyr i wneud llwybyr i Tomos a Marged a'r whilber i fynd tuag adref. Sychodd P.C. Rivers chwys y gwanwyn cynnar oddi ar ei dalcen. Breuddwydiodd am dreulio blynyddoedd ei ymddeoliad ar lan afonydd dyfroedd heb na thwpdra na whilber i atal trafnidiaeth y byd. Aeth Tomos a Marged yn eu blaenau heb deimlo yn eu diniweidrwydd fod llygaid anweledig yn eu gwylio o'r tu ôl i'r llenni o bob lliw a llun.

'Whilber newydd!' meddai Defis y Sgwlyn gan daenu dom ceffylau wrth fôn y goeden rosynnau. Nid oes dim yn well na dom ceffylau at y pwrpas hwnnw, yn ôl y *Llyfr Garddio Proffidiol* a brynodd yn ail-law yn siop Ralph's slawer dydd.

'Whilber newydd!' gwaeddodd y Cemist wrth osod hysbyseb y powdwr yn ffenestr ei siop.

'Whilber newydd!' cyfarchodd y Parchedig John Padarn Huws, ficer eglwys Amlwg Sant, wrth fugeilio'r afr a borai'r glaswellt ar fedd

DANIEL JONES
gwehydd o'r plwyf hwn.
Hunodd yn yr Iesu
Awst 28 1896
yn 88 mlwydd oed.

'Stopa, Tomos,' gwaeddodd Marged, o flaen siop y bwtsiwr. Yr oedd wedi gweld afu oen yn demtasiwn yn y ffenestr. Parciodd Tomos y whilber ar y tarmacadam ffres rhyw droedfedd o'r palmant rhag iddo ddigio'r plismon am yr eildro yr un prynhawn. Oedd, yr oedd yn berffaith ddiogel am fod rowl y Cyngor Sir yn symud i ffwrdd wedi gorffen ei gwaith fel y tybiai Tomos wrth gerdded i mewn i'r siop.

Teimlai Ned y Rowl fel brenin i fyny fry ar ei sedd yn y caban melyn. Cadwai ei lygad chwith diffygiol, a'i harbedodd rhag ymuno â'r lluoedd arfog yn yr Ail Ryfed Byd, ar y ffordd. Syllai ei lygad perffaith ar y merched a gerddai'r palmant yn eu ffrogiau blodeuog. O droedfedd i droedfedd araf nesaodd at y whilber, a bu trychineb mawr, na fu ei gyffelyb yn Llanamlwg. Rhuthrodd Tomos a Marged a'r siopwr allan i astudio'r gyflafan. Ymgasglodd tyrfa. Ni fedrai neb gofio gweld whilber wedi ei gwasgu'n fflat o'r blaen.

Ymwthiodd P.C. Rivers ymlaen i ddelio â'r sefyllfa. Nid oedd yntau wedi clywed am rowl yn malu whilber o'r blaen. Aeth Tomos â'r whilber adref o dan ei gesail. Ni chysgodd y noson honno. Yr afu oen gafodd y bai.

Chwedl y Clacwydd

Pan ddychwelodd Defis y Sgwlyn o ganolbarth Lloeger ar ddiwedd gwyliau'r Pasg, daeth â gŵydd gydag ef. Ei syniad oedd dodi wyau o dan yr ŵydd fel y ceid gwyddau bach maes o law, a gellid gwerthu y rheiny ym marchnad y Nadolig i gychwyn cronfa ar gyfer clwb criced yn y dref. Bu Defis yn gricedwr o fri yn ystod ei ddyddiau coleg, ond o ddiffyg ymarfer yr oedd ei awydd yn fwy na'i allu. Beth bynnag am hynny pan enillodd ŵydd mewn raffl yng nghlwb cinio criced un o ysgolion Birmingham lle roedd ei fab yn athro penderfynodd mai'r ŵydd honno fyddai mascot Clwb Criced Llanamlwg pan ddeuai i fodolaeth cyn yr haf.

Ond aeth pethau o chwith. Er mawr siom i Defis a difyrrwch i'w gymdogion, nid gŵydd oedd yr aderyn ond clacwydd. Dywedodd ei gŵyn wrth y bwtsiwr. Ni wnaeth hwnnw ond mwmial rhwng ei ddannedd fod y clacwydd yn rhy denau i'w ladd ac yn rhy gostus i'w gadw. Yr ocdd Marged yn y siop yn gwrando'n astud.

'Mr Defis bach, dwy'n gweld dim bai arnoch chi. Ma'n anodd iawn gwbod y gwahanieth rhwng clacwydd a gwydd.'

Tosturiai Marged wrth y prifathro yn ei

argyfwng. Gan fod lle yn y sièd ffowls yn yr ardd awgrymodd y carai hi brynu'r clacwydd.

'Fe'i cewch am ddim. Fe ddof ag e lawr heno.'

'Na. Fe ddaw Tomos i 'nôl e,' meddai hithau.

Brysiodd Marged adref. Daeth o hyd i Tomos yn eistedd ar glawdd yr ardd yn cadw llygad manwl ar y jac-y-do a'i poenai'n fynych wrth ymosod ar y pys.

'Cer lawr at Mr Defis, Tŷ'r Ysgol.'

'I beth, fenyw?'

'Cer lawr, fe gei di weld wedyn. Ma' gydag e syrpreis i ti. Newid dy sgidie wa'th ma' Sgŵl Hows yn garpets i gyd.'

Ni chafodd Tomos wahoddiad i'r tŷ. Pwysai Defis ar wal yr hen dwlc mochyn ar waelod yr ardd. Aeth Tomos ato, ac aeth Defis dros y stori a adroddasai yn siop y bwtsiwr. Daliwyd y clacwydd. Clymwyd ei draed, a chychwynnodd Tomos tuag adref a'r clacwydd o dan ei gesail. Yr oedd llygaid pawb arno.

'Nadolig Llawen,' meddai'r bwtsiwr ar y palmant o flaen y siop. Pam oedd y dyn yn dymuno Nadolig Llawen ym mis Mai? Chwarddodd Twm a Benja ar eu pererindod ddyddiol at ffynnon iachusol y Miners Arms.

'Dyna lwcus wyt ti,' meddai Marged, wedi i Tomos gael y clacwydd i ddiogelwch y sièd ffowls. Taflodd grystyn iddo, a bwytaodd yntau yn awchus.

'Beth yw 'i enw?' holodd Marged.

'Galw di fe be fynnot ti. Galwa fe'n Nebiwchodonosor, os wyt ti am.'

Chwarddodd Marged. A galwyd y clacwydd yn Nebiwchodonosor.

Ar y pedwerydd dydd nid oedd Nebiwchodonosor yn hapus. Mae gan glacwydd deimladau serch. Draw ar gyrion y dref yr oedd ei gariad yn disgwyl amdano. Gwthiodd ei wddf a'i ysgwyddau cryfion o dan y ffens a osodwyd i gaethiwo ieir, ac allan ag ef i ryddid. Yr oedd Miss Dew a Miss Denau yn cerdded dros lwybyr y fynwent ar eu taith i roi'r blodau wythnosol ar fedd eu tad a'u mam pan ddaethant wyneb yn wyneb â'r clacwydd ar y tro sydyn yn ymyl y pren bocs. Arswydodd y ddwy a rhedasant yn lletchwith ac anniben rhwng y cerrig beddau.

Aeth Newbiwchodonosor yn ei flaen. Ymwthiodd o dan y glwyd, ac allan i'r stryd brysur. Safai P.C. Rivers yn ymyl Banc Barclays yn disgwyl yn ofer am rywun i dorri'r gyfraith, pan welodd y clacwydd yn tin-siglo dros y palmant fel lord. Daeth Mrs Eleias Elis allan o'r Banc, a bu bron iddi lewygu pan welodd glacwydd yn dyfod tuag ati. Dihunodd P.C. Rivers o'i freuddwydion, ac fel marchog dewr o'r Canol Oesoedd brysiodd i achub y foneddiges o'i thrallod mawr.

Bu cythrwfl mawr yn Llanamlwg y diwrnod hwnnw. Ymunodd y Bwtsiwr, y Cemist, y Groser, a Ficer y plwyf yn yr helfa. Rhuthrodd Mrs Eleias Elis yn ei hôl i'r Banc, a chafodd gwpanaid o de yn ystafell y manijer.

Wedi'r ymgyrchu hir cornelwyd Nebiwchodonosor o flaen Neuadd y Dref, ac yn rhinwedd ei swydd fel gwarchodwr cyfraith a threfn cafodd P.C. Rivers y cyfrifoldeb o ddal y clacwydd. Curodd pawb eu dwylo mewn cymeradwyaeth ac edmygedd.

Yn araf drwy'r sgwâr daeth cerbyd swyddogol yr heddlu. Gwelodd P.C. Rivers fod yr Inspector yn y sedd flaen yn ei holl lifrai, a thrwy reddf cododd y plismon ei fraich i saliwtio ei well. Y foment honno gwingodd Nebiwchodonosor i'w ryddid, a disgynnodd yn llipa o flaen olwyn cerbyd yr heddlu. Neidiodd yr Inspector allan i archwilio'r alanas.

'What's this mess,' gofynnodd, nes bod ei fwstashen felen, wrychlyd, yn dawnsio'n ffyrnig yn ei wefus uchaf.

Pwysodd yr edrychwyr ymlaen i wrando ar esboniad tila'r plismon.

Fel y dadebrai Nebiwchodonosor daeth Marged o rywle, a Tomos yn canlyn o hirbell. Plygodd Marged i godi'r clacwydd i'w chôl.

Rhoddwyd gorchymyn i yrrwr y cerbyd swyddogol. Ac felly aed â Tomos a Marged, a

Nebiwchodonosor, adref mewn steil. Yr oedd gan yr Inspector galon dyner.

Bu Newbiwchodonosor yn dipyn o niwsens ar ei ddychweliad. Os oedd y diweddar geiliog a roddwyd yn ginio Sul i'r Parchedig a Mrs Andreas Jones, yn distyrbio'r dref ar doriad gwawr, yr oedd nodau cwynfanus y clacwydd swnllyd yn mynd ar nerfau'r cymdogion.

'Rhowch ddigon o fwyd iddo fe er mwyn i ni ga'l llonydd,' meddai Miss Ceinwen Jonathan yn swta dros glawdd yr ardd, gan ddal ei dwylo dros ei chlustiau.

'Ddylech chi ddim cadw clacwydd heb fod gŵydd gydag e'n gwmni,' ychwanegodd Ianto Bachgen Mowr Mam, wrth hongian sgert ei fam ar y lein ddillad.

'Fe ddyle fod deddf i gontrolo clacwydde swnllyd. Bydd y mater yn ca'l 'i drafod yn yr Iwnion nos Wener,' ysgyrnygodd Mabon Bach.

Curodd Mrs Andreas Jones, gwraig gweinidog Moreia, ar ddrws agored Hafon Lon. Yna, gwaeddodd ei chyfarchion â'i thraed ar y trothwy.

'Ydych chi adre 'ma?'

'Dowch miwn, Mrs Andreas Fach,' atebodd Marged gan geisio cymhennu ei gwallt â'i llaw. Nid oedd yn disgwyl ymwelydd mor gynnar yn y dydd.

'Dim ond gofyn a fyddech chi'n fodlon rhoi gwobr ar gyfer raffl y noson goffi.'

Gwenodd Tomos fel dyn wedi cael gweledig-aeth sydyn.

'Fe gewch chi glacwydd. Dyna breis go lew.'

Chwarddodd y tri. Diolchodd Mrs Andreas drosti hi a'i gŵr, a thros holl eneidiau Moreia.

Aeth y sôn ar led fel tân gwyllt trwy'r dref fod aelodau Moreia yn rafflo clacwydd er mwyn cynnal yr Achos. Dysgwyd plant Horeb i feistroli'r grefft o ddynwared sŵn y clacwydd i bryfocio plant Moreia ar eu ffordd i'r Ysgol Sul. Dywedir mai eu rhieni a fu yn eu hyfforddi.

Pwysai Jac Winci ar dalcen y bont pan aeth Mrs Eleias Elis heibio.

Daeth sgrech fel cri clacwydd o wddf Jac. Yr oedd Mrs Eleias Elis yn gynddeiriog.

'Rhag ych cwilydd chi. Y dyn di-fanyrs.'

Chwifiodd Jac ei ddwylo fel adenydd aderyn yn ceisio hedfan. Aeth Mrs Eleias Elis yn fwy cynddeiriog.

Daeth awr fawr y noson goffi. Yr oedd Tomos a Marged wedi gwisgo'n barod yn gynnar. Ni chafodd Tomos fawr o drafferth i ddal Newbiwchodonosor, fel pe bai hwnnw'n gwybod am yr anfarwoldeb oedd ar fin dod i'w ran. Clymodd Tomos goesau'r aderyn cyn ei gludo i'r gegin fel rhyw Iddew ym more bach y byd yn dwyn ei offrwm at yr allor. Gosodwyd y clacwydd yn y fasged a gludodd llawer o negeseuon gynt i Nant Gors Ddu. Rhwymodd Marged ruban glas am wddf Nebiwchodonosor.

Wedi iddynt gyrraedd y festri curwyd dwylo'n frwd mewn hir gymeradwyaeth. Sibrydodd Mrs Andreas Jones yng nghlust Mrs Eleias Elis ei bod wedi derbyn dros bedwar ugain punt at y raffl. Cododd honno ei dwylo mewn gorfoledd gan ymfalchïo ei bod yn aelod ym Moreia. Yr oedd hi yn berffaith sicr na fyddai aelodau Horeb yn gwneud dros bedwar ugain punt o elw o glacwydd.

Awr yn ddiweddarach cododd y Parchedig Andreas Jones i ymbil am dawelwch.

'Annwyl Frodyr a Chwiorydd,

Dyma ni wedi dod at yr hyn y mae pawb ohonoch wedi bod yn disgwyl yn hir amdano, sef y wybodaeth pwy sydd wedi ennill yr aderyn hardd sydd yng ngofal Tomos Williams, Hafod Lon. Mi garwn ddiolch o galon ar ran pawb ohonom i Mr a Mrs Williams am roddi'r ceiliogwydd. ('Beth yw hwnnw?' gofynnodd Bili Bach). Y mae'n bleser gennyf gyhoeddi fod y raffl wedi dangos elw o dros bedwar ugain punt. (Cymeradwyaeth fyddarol.) Ac yn awr, frodyr a chwiorydd, fe ddaw Mrs Eleias Elis ymlaen i dynnu'r ticed buddugol o'r bocs.'

Ymwthiodd yr hen wraig wanllyd ymlaen. Torchodd lawes ei ffrog sidan, ddu, i brofi nad oedd twyll yn ei gweithred. Claddodd ei llaw agored ym mherfeddion y bocs. Yn y tawelwch llethol tynnodd y tocyn buddugol allan, a chyhoeddwyd i'r byd a'r betws oedd yn y festri 'TW HYNDRED AND SEFNTI SICS.'

Syllodd pob un yn siomedig ar ei rif. Wel, pawb ond un.

'Dyma fe,' llefodd llais llawen o lawr y festri.

Yr oedd Marged wedi ennill y clacwydd.

'O! Bawo,' meddai Tomos wrth sylweddoli fod Newbiwchodonosor ar ei ddwylo drachefn.

Wedi canu 'Dan dy fendith wrth ymadael' cludodd Tomos y clacwydd yn ôl i Hafod Lon. Yr oedd Marged wrth ei bodd, a chafodd Newbiwchodonosor swper mawr cyn mynd i gysgu, a breuddwydio am harem o wyddau heirdd, rhamantus.

Tomos Dylan a Nebiwchodonosor

Yr oedd Tomos Dylan, mab anystywallt Bilco o Gwm Aberdâr, wedi hen ddiflasu ar ei wyliau yn Llanamlwg. Sylwodd Marged ar y bychan yn ochneidio fel pe bai bywyd yn faich iddo.

'Fynni di fara menyn a jam?'

Siglodd yntau ei ben. Ni fedrai bara menyn a jam setlo ei ofid.

'Wyt ti'n sâl?' gofynnodd Marged.

Siglodd mab Bilco ei ben yn ffyrnicach. Nid byw gyda hen bobol oedd ei syniad ef o wyliau. Carai fynd allan i'r dref, ond yr oedd hynny'n rhy beryglus am fod Fferet a'i griw yn llercian yn y tŷ gwag gyferbyn â'r sgwâr. Y noson cynt ni wnaeth ond cyrraedd drws y cefn mewn pryd rhag eu crafangau. O na bai modd i ddod â'r Gang i fyny o Gwm Aberdâr. Gallai Ianto Ffelt eu llorio heb help neb.

Gwaetha'r modd yr oedd Ianto ymhell, a pheth arall nid oedd ei ddillad yn weddus i deithio i'r wlad. Gwaeddodd Anti Marged.

'Ma' Wncwl Tomos yn mynd i'r Cop. Cer gydag e.'

Yr oedd hynny'n well na sefyllian o gwmpas.

Gwyddai hefyd na feiddiai'r cachgwn ymosod arno pan fyddai yng nghwmni Wncwl Tomos.

Penderfynodd Tomos fynd drwy'r fynwent er mwyn gwneud y daith yn fwy diddorol i Tomos Dylan, er na fedrai'r crwt ganfod unrhyw ddiddordeb mewn cerrig beddau. Llechai dau o'i boenydwyr wrth dalcen y bont.

'Babi mowr Wncwl Twm,' crechwenodd y gwallt coch.

Gwnaeth Tomos Dylan wyneb hyll arno. Caeodd y jyrsi felen ei ddwrn.

'Wyt ti am ffeit, was?'

Safai'r Parchedig John Padarn Huws, ficer eglwys Amlwg Sant, yn ymyl y tŷ elor yn bugeilio'r afr a borai laswellt y fynwent. Nid oedd yr afr, hithau, yn ddiogel rhag bechgyn drygionus y dref. Yr oedd y ficer yn barod am sgwrs.

'Bore da, Tomos Williams.'

'Bore da, ficer.'

Bu'r ymddiddan yn hir rhwng y ddau. Nid oedd amynedd gan Tomos Dylan i wrando ar y ddau'n trafod y tywydd, a chyflwr gresynus crefydd. Crwydrodd ar ei ben ei hun i archwilio'r eglwys a'i chynteddau. Llwyddodd i ymwthio'n drafferthus o dan y rhwystrau bygythiol: 'DANGER. KEEP OUT.' Dringodd dros y grisiau bregus a arweiniai i gyfeiriad y tŵr. Os medrai gyrraedd ei amcan, gallai ymffrostio ar ôl dychwelyd i Gwm Aberdâr iddo gyflawni gorchest na wnaed gan neb o'i gyfoedion.

'Ble ma'r crwt 'na wedi mynd?' gofynnodd Tomos i'r ficer.

Cyrhaeddodd Tomos Dylan binacl tŵr yr eglwys. Edrychodd dros y dref fel brenin balch yn edmygu ei deyrnas. I lawr ar y ddaear yr oedd Wncwl Tomos a'r ficer fel dwy frân yn wynebu ei gilydd. Gwaeddodd nerth ei geg er mwyn clywed ei lais ei hun. Edrychodd y Parchedig John Padarn Huws i'r uchelderau i weld pen ac ysgwyddau rhyngddo a'r cymylau, a breichiau'n chwifio fel melin wynt ar y tŵr.

'Dyco fe, Tomos Williams. Ma' fe'n siŵr o fynd ar ei ben i dragwyddoldeb,' llefodd y ficer.

Bustachodd Tomos a'r ficer am y cyntaf i'r eglwys. Dychrynodd Tomos pan glywodd y gallai mab Bilco fynd ar ei ben i dragwyddoldeb. Bu'n dda na fedrent redeg yn gyflymach oblegid cyn gynted ag y daethant at y fedyddfan wrth ddrws yr eglwys syrthiodd darn o'r grisiau mewn cymylau o lwch, gan adael Tomos Dylan yn rhywle rhwng nefoedd a daear.

Wedi trafod y sefyllfa eglurodd y ficer.

'Dim ond trwy wyrth neu'r Frigâd Dân y daw e lawr.'

Wedi blino disgwyl am y wyrth sydyn, carlamodd y ficer i'r ciosg i ffonio'r Ffeier Brigad. A dyna helynt. Ar alwad y seiren rhuthrodd y Bwtsiwr, y Groser, y Tafarnwr, a'r Glanhawr Simneiau, ac eraill i'r Orsaf Dân. Llwyddwyd i gael Tomos Dylan i ddiogelwch y ddaear. Tynnwyd llun 'Y bachgen yn y tŵr' gan ohebydd y papur bro, ac yr oedd Marged wrth ei bodd wrth edrych ar y llun yn *Seren Amlwg*.

'Dyna lun da o Tomos Dylan. On'd yw e'n debyg i Bilco?'

Ni ddywedodd Tomos yr un gair. Dim ond poeri i'r grât.

*　　*　　*

Cyn pen deuddydd yr oedd Tomos Dylan wedi cael maddeuant, a dywedodd ei fodryb wrtho, 'Ma' Wncwl Tomos yn mynd â Nebiwchodonosor i Leisa Gors Fawr, a fe gei di fynd gydag e. Fe fydd y clacwydd yn gwmni i'r ŵydd.'

'Pam ma'r ŵydd eisie cwmni'r clacwydd, Anti Marged?'

'Cer i whare nawr, dyna fachgen da.'

Daeth y dydd mawr o'r diwedd, ac am ddeg o'r gloch bore dydd Mawrth safai Wncwl Tomos a Tomos Dylan o flaen capel Moreia yn disgwyl am un o gerbydau melyn Cae Main Motors. O dan gesail Tomos yr oedd Nebiwchodonosor â'i draed yn rhwym. Cyrhaeddodd y cerbyd mewn pryd am unwaith. Dringodd Tomos y grisiau, a'r clacwydd o dan ei gesail, ac ymwthiodd Tomos

Dylan yn eiddgar rhag iddo gael ei adael ar ôl. Edrychodd Miss Olga a Miss Liwsi yn syn arnynt. Clebranai'r ddwy fel dwy ffatri.

'Ddyle fe ddim ca'l cario deryn mowr ar y pyblic transport.'

'Ma' hwnna'n edrych yn griadur cas.'

Plygodd y ddwy eu pennau yn ofnus pan aeth Tomos a'r clacwydd a Tomos Dylan heibio iddynt i'r sêt ôl. Yr oedd Tomos Dylan wrth ei fodd. Nid oedd y trip Ysgol Sul, Aberdâr i Borthcawl, i'w gymharu â'r trip hwn. Daliai Miss Olga a Miss Liwsi i glebran.

'Country bumkins.'

'We should report the driver.'

'And the bus company as well.'

'We'll send a letter to the Minister of Transport.'

'That's a good idea, Olga dear.'

Trodd Tomos at Tomos Dylan.

'Cymer y clacwydd yn dy gôl i fi ga'l mwgyn.'

Nid oedd angen cymell. Taniodd Tomos fatsien. Efallai iddo danio yn rhy agos at ben Nebiwchodonosor. Er bod y clacwydd â'i draed yn rhwym llwyddodd i wingo'n rhydd o afael llac Tomos Dylan gan fflapio'i adenydd lond y bws.

'Stopiwch y bỳs!' gwaeddodd Miss Olga, mewn sterics.

'Stop the bus!' llefodd Miss Liwsi, â'i hwyneb fel y galchen.

Breciodd y gyrrwr yn sydyn nes i Nebiwchodonosor lithro fel jumbo-jet i ben blaen y bws. Gafaelodd Jac y Bỳs yng ngwddf yr aderyn, a chodi'n drafferthus o'i sedd i roi gwers i Tomos.

'Be sy arnoch chi, ddyn? Fe gethoch chi ganiatâd i ddod â'r clacwydd ar y bỳs. Wyddoch chi mai pyblic transport yw hwn nid lorri ffowls?'

'Quite so,' cytunodd Miss Olga.

'Quite so,' eiliodd Miss Liwsi.

Curai haul Mehefin yn boeth ar y ddaear pan gerddai Tomos a Tomos Dylan i fyny i gyfeiriad Gors Fawr. Yr oedd Leisa allan yn ymyl y cartws yn bwydo'r ieir a'r ŵydd pan ganfu hi'r ddau, a'r clacwydd, yn agosáu at y tŷ.

'Ma' Tomos yn dod â gŵr i ti,' meddai Leisa wrth yr ŵydd.

'Cer o'r ffordd,' ychwanegodd, gan gyfarch yr ast unllygeidiog oedd yn rhy hen i gyfarth, ac yn rhy ddiog i godi ar ei thraed. Agorodd Tomos y llidiart ag un llaw, a dilynodd Tomos Dylan gan edrych yn amheus ar yr ast. Yr oedd wedi dysgu trwy brofiad i gadw'n glir oddi wrth gŵn, hyd yn oed gŵn cysglyd unllygeidiog. Datododd Tomos y llinyn, gan roi hwb i'r clacwydd i'w gyflwyno ei hun i'r ŵydd. Ond nid oedd gan Nebiwchodonosor unrhyw ddiddordeb. Ysgyd-wodd ei adenydd, cododd o'r llawr, a diflannodd fel awyren dros y banc. Gwylltiodd Tomos.

'Rhed ar 'i ôl e, Tomos Dylan.'

Carlamodd y bychan ar ei daith anobeithiol. Ni fedrai wneud dim i hawlio anfarwoldeb, ac ni welai o'i flaen ond mynydd a defaid, ac ambell frân wedi ei dychrynu gan yr aderyn rhyfedd a aethai heibio rai munudau ynghynt heb ganiatâd y gwyliwr cyson ar gangen y goeden gam gerllaw Gors Ganol. Rhedodd Tomos Dylan yn ôl at Wncwl Tomos a Leisa, a phoerodd ei neges yn fyr o anadl.

'Ma' fe wedi hedfan bell, bell, dros y môr.'

Dychwelodd y ddau gyda'r bỳs hanner awr wedi un. Yr oedd Tomos yn ddigon balch na ddeuai Nebiwchodonosor i'w boeni mwyach. Safai Marged ar ben y drws yn wên i gyd fel lleuad llawn.

''Drychwch yn y sièd ffowls.'

Brasgamodd Tomos Dylan yn hirgoes heglog i waelod yr ardd. Yno yr oedd Nebiwchodonosor yn gwledda ar y pryd helaethaf o fwyd a gawsai yn ystod ei fywyd. Yr oedd Tomos Dylan wrth ei fodd. Gwaeddodd nerth ei geg fod y clacwydd wedi dod yn ei ôl.

'Cer i weld e, Tomos,' meddai Marged.

'Dwy' i ddim am 'i weld e,' atebodd Tomos gan eistedd ar glawdd yr ardd i fwrw'i flinder. Yr unig glacwydd o ddiddordeb iddo ef oedd hwnnw a ddeuai allan o'r ffwrn yn ginio Nadolig.

Paent ar ei Law

Torrodd gwawr gochlyd bore o haf yn gynnar dros dref Llanamlwg, a phan agorodd Tomos Dylan ei lygaid yr oedd y byd yn olau, a chloc y dref yn taro chwech o'r gloch. Sleifiodd yn ddistaw allan o'i wely rhag iddo ddeffro Wncwl Tomos ac Anti Marged. Gwisgodd ei ddillad yn ofalus cyn mynd lawr dros y grisiau i wisgo ei esgidiau wrth dalcen bwrdd y gegin. Wedi hir ymdrech llwyddodd i agor drws y cefn er bod yr allwedd yn gyndyn i droi yn y clo.

Y diwrnod cynt prynasai un o'r tuniau sy'n chwistrelli paent, ac os na ddihunai Wncwl Tomos ac Anti Marged yr oedd popeth o'i blaid i gyflawni ei fwriadau drygionus. Aeth i lawr at y sièd ffowls yng ngwaelod yr ardd. Yr oedd Nebiwchodonosor y clacwydd eisoes ar ddihun ac yn barod am ei frecwast. Cyn i hwnnw gael cyfle i agor ei geg i ddeffro trigolion y tai cyfagos taflodd Tomos Dylan grystyn bara iddo i'w gadw'n dawel, a phan oedd y clacwydd yn bwyta'n ddiwyd fe'i chwistrellwyd o'i ben i'w gynffon â'r paent gwyrdd.

Dychwelodd y troseddwr mentrus ar hast gwyliadwrus i'r tŷ. Clodd y drws, dringodd y grisiau fel cath yn agosáu at lygoden, ac ar ôl ymddihatru aeth yn ei ôl i'w wely, gan ymfalchïo yn ei orchest foreol. Byddai ganddo stori gyffrous i'w hadrodd wrth ei ffrindiau ysgol yn y De.

Ddwyawr a hanner yn ddiweddarach clywodd Marged sŵn dyn y llaeth allan ar y stryd. Edrychodd ar y cloc yn ymyl y gwely, a brysiodd i godi.

'Dere, Tomos,' meddai.

Agorodd yntau ei lygaid yn araf wedi noson o chwyrnu ysbeidiol a chwsg anesmwyth.

'Faint o'r gloch yw hi?'

'Hanner awr wedi wyth, a ma'r houl yn sheino.'

Yn ôl ei harfer, y peth cyntaf a wnaeth Marged oedd cludo bwyd i'r clacwydd. Gafaelodd yn y badell o dan y bwrdd yn y gegin gefn. Dyna beth od. Gallai dystio fod crystyn gyda'r blawd yn y badell pan oedd hi ar ei ffordd i'r gwely, oblegid hi ei hunan oedd wedi ei roi yno cyn torri torth ffres i swper. Tybed a oedd ei chof yn dechrau pallu yn ei hen ddyddiau?

Cyrhaeddodd y sièd ffowls cyn deffro'n iawn. Safodd mewn syndod. Tywynnai haul cynnar ar y coed a'r blodau. Gwelai glacwydd gwyrdd yn disgwyl am ei fwyd. Yr oedd yr haul yn gryf. Taflodd ei fwyd i'r clacwydd rhyfedd.

Dychwelodd i'r gegin. Eisteddodd ar y gadair. Daeth rhyw deimlad rhyfedd drosti. Erbyn hyn yr oedd Tomos wedi codi a gwisgo.

'Ble ma'r bara te?' gofynnodd.

Edrychodd Marged i'w lygaid, a'i hwyneb fel y galchen.

'Dwy' i ddim hanner da, Tomos.'

'Be sy'n bod arnat ti? Rwyt ti mor wyn â'r marw.'

'Paid gweud hen bethe cas fel'na. Ma' rhwbeth rhyfedd arna i. Pan es i a bwyd i'r clacwydd rown i'n gweld clacwydd gwyrdd o fla'n fy llyged.'

'Cer i weld y doctor.'

'Na, rwy'n well nawr. Ro'dd yr houl mor ofnadw o gryf.'

Wedi iddo fwyta ei fara te aeth Tomos allan am dro i'r ardd, ac i gyfeiriad y sièd ffowls. Safodd yntau'n stond fel pe bai rhywbeth wedi ei daro'n sydyn. Edrychodd i gyfeiriad yr haul rhag ofn ei fod yntau wedi cael ei ddallu fel Marged. Ond na, yr oedd yr haul yn ymguddio y tu ôl i'r cymylau.

Gwaeddodd nerth ei geg ar Marged. Rhuthrodd hithau i ddrws y cefn rhag ofn fod rhywbeth wedi digwydd iddo.

'Be sy'n bod, Tomos?'

'Ma' rhywun wedi pcintio'r clacwydd yn wyrdd.'

Bu'r ddau yn cwnsela'n hir uwchben y trychineb. Meddyliasant yn ddifrifol pwy oedd yn ddigon haerllug i gyflawni'r fath anfadwaith ysgeler.

Daeth Tomos Dylan rownd y gornel. Yr oedd wedi cymryd y llwybr hwyaf i gyrraedd sièd y ffowls. Edrychodd yn hir ar y clacwydd heb ddweud yr un gair. Gwelodd Anti Marged ei benbleth.

'Tomos Dylan bach, ma' plant drwg wedi bod yn y sièd yn y nos, a ma' nhw wedi peintio Nebiwchodonosor. Edrych ar y criadur bach.'

'Be sy'n digwydd i'r plant drwg sy'n peintio clacwydds?' gofynnodd y bychan yn ofidus.

'Mynd i'r jêl,' atebodd Marged.

'Ydyn nhw'n ca'l bwyd yn y jêl?'

'Dim ond bara dŵr, a bara saim bob yn ail.'

Nid oedd Tomos Dylan yn archwaethu bwyta bara dŵr, a rhyw ych-a-fi o stecs oedd bara saim. Aeth ei goesau'n wan, a phwysodd ar y clawdd. Teimlai'n reit sâl.

'Anti Marged, ble ma' plant drwg yn cysgu yn y jêl?'

'Ar fatras ar y llawr, am wn i. A llygod mowr fel cathod yn jwmpo 'nôl a mla'n.'

'Rwy'n mynd i mo'yn y polîs,' meddai Wncwl Tomos wrth frasgamu i gyfeiriad y ffordd fawr.

Teimlai Tomos Dylan ei goesau'n gwanhau yn fwy o lawer, ac yr oedd rhyw gryndod yn ei wefusau. Beth os byddai yn y carchar cyn nos yn bwyta bara dŵr a bara saim, a'r llygod mawr yn neidio dros ei gorff? Yr oedd ei stumog yn troi fel yo-yo. Ni fyddent yn gwneud y fath helynt a ffwdandod yng Nghwm Aberdâr.

'Dere i ga'l dy frecwast,' meddai Marged wrtho.

'Dwy' i ddim eisie brecwast.'

'Ma'n rhaid iti fyta brecwast neu fe ei di'n wan fel brwynen. Gymri dy wy bach, dyna fachgen mowr. A rwyt ti'n fachgen da. Fyddet ti byth yn gneud drygioni fel hyn.'

Siglodd yntau ei ben mewn diniweidrwydd. Daeth ton o euogrwydd drosto. Gwelai ddegau o lygod mawr yn dawnsio o gwmpas ei fatras yn y carchar. Estynnodd ei law i wneud ffrindiau â'r clacwydd, ond lledodd hwnnw ei adenydd gan estyn ei dafod allan fel pe bai yn ei gyhuddo.

Yn swyddfa'r heddlu wrth dalcen y bragdy eisteddodd P.C. Rivers yn bwysig wrth ei ddesg i holi Tomos yn fanwl am yr hyn a ddigwyddodd yn ystod y nos.

'Beth yw oedran y clacwydd?'

Nid oedd syniad gan Tomos.

'Gofynnwch i Marged.'

Nid oedd dim yn waeth gan Rivers na chael atebion swta, negyddol. Ni fedrodd ond cofnodi fod clacwydd o eiddo Tomos Williams, Hafod Lon, wedi cael ei drawsnewid mewn noson o fod yn wyn a llwyd i fod yn wyrdd a bod y gwyrdd hwnnw yn liw cymeradwy gan aelodau o Gymdeithas yr Iaith. Tybed a oedd cliw yn hynny i'w arwain at y troseddwr, neu droseddwyr? Dyna'r tro cyntaf iddo glywed am glacwydd yn cael ei beintio'n wyrdd.

'Rhaid i fi weld y clacwydd,' meddai, gan wthio'r llyfr bach yn ôl i'w nyth ym mhoced y symons.

Cerddodd Tomos a P.C. Rivers yn frysiog i gyfeiriad safle'r trosedd yn sièd y ffowls. Gallai'r brodorion oedd allan ar y stryd synhwyro fod rhywbeth mawr yn bod, ond ni wyddai neb ohonynt beth oedd wedi digwydd.

'Be sy'n bod?' holodd y Bwtsiwr.

Ni chafodd ateb. Dim ond gwg-meindia-dy-fusnes.

'Rhywun wedi marw'n sydyn?' gofynnodd y pensiynwr hyderus a eisteddai ar y fainc gyhoeddus.

Ni chafodd yntau ateb. Dim ond sŵn traed awdurdodol y Gyfraith yn mesur amser yn gyflym ar y palmant, a throtian esgidiau Tomos yn cydredeg.

Edrychodd P.C. Rivers yn llawn diddordeb ar y clacwydd gwyrdd. Ers blynyddoedd bellach bu a'i fryd ar fod yn dditectif, ond yr oedd y Prif Gwnstabl wedi dweud wrtho fwy nag unwaith nad oedd ganddo obaith i gael ei drosglwyddo i'r swydd honno. Ac wrth edrych yn fanwl ar y clacwydd ni ddeuai ysbrydoliaeth o unman, ond fe draethodd ei farn yn onest, gan edrych ar Tomos Dylan.

'Ma' pwy bynnag fu wrthi wedi gneud jobyn iawn ohoni.'

Gosododd y bychan ei law ar y ffens i'w gynnal ei hun. Teimlai fod ei wyneb ar dân. Gallai weld y bara dŵr a'r llygod mawr. Yn sydyn gafaelodd y plismon yn y llaw oedd ar y ffens.

'Beth yw'r paent gwyrdd sy ar gefn dy law di, boi bach?'

Aeth Tomos Dylan i sterics mawr, cafodd bwl o beswch annaturiol, a bu bron tagu. Gafaelodd Anti Marged yn ei fraich i fynd ag ef i'r tŷ i'w gysuro.

'Ma'n well gen i glacwydd gwyrdd na chlacwydd llwyd a gwyn.'

Nid oedd hynny'n fawr o gysur i fab Bilco o Gwm Aberdâr. Ac ni chafodd P.C. Rivers fawr o gydymdeimlad pan ddywedodd y Siwper wrtho yn y clwb cinio, 'Ddylet ti ddim ymyrryd mewn helyntion plentynnaidd. A phaid ag edrych ar glacwydd os na fydd wedi ci blufio.'

Hwrdd Leisa

Yr oedd Tomos yn chwalu meddyliau boreol wrth frecwasta ar fara te a chaws Caerffili yn ystafell gyfyng yr eil, a Marged ar ei thraed yn yfed cwpanaid o de tramp ar hast cyn mynd ati i orffen glanhau'r gegin pan ddaeth cnoc sydyn ar y drws.

'Pwy sy 'na mor fore?' gofynnodd iddi hi ei hun, heb ddisgwyl cael ateb, gan frysio yn ei slipers i ateb y sawl oedd yn sefyll oddi allan. Clywodd Tomos sŵn y drws yn cael ei agor yn wichlyd, a Marged yn derbyn yr ymwelydd mewn llais uchel, croesawus.

'Dowch miwn, Mr Lewis bach. Dyma ddyn dierth. Be sy wedi dod â chi mor fore? O's rhyw newydd drwg o gwmpas?'

'Dim o gwbwl. Ydy Tomos Williams wedi codi?'

'Odi. Dowch i'r tŷ. Dowch fan hyn i'r lownj. Parlwr fydde' ni'n galw hwn yn Nant Gors Ddu. Rŵm i eni a marw o'dd hi. Chafodd Tomos a fi ddim plant, ond fe fuodd y parlwr yn handi pan o'dd 'i fam fach e wedi darfod.'

Gwaeddodd Marged ar Tomos.

'Ble rwyt ti, Tomos. Ma' Mistir Lewis, Horeb, wedi dod i dy weld. Dere'n glou.'

Cododd Tomos y basn at ei wefusau i ddrachtio gweddillion ei fara te, a llarpiodd yr hyn oedd yn weddill o'r caws briwsionllyd yn ymyl y tebot oer. Beth oedd neges Mr Lewis, Horeb, tybed? Beth bynnag oedd pwrpas yr alwad foreol nid oedd o bwys enwadol gan mai Methodistiaid oedd ef a Marged. Aeth i'r lownj ac eisteddodd ar y soffa yn ymyl Marged. Wedi llond cegau o gyfarchion 'bore-da', a sylwadau brysiog ar gyflwr y tywydd, gwrandawodd y ddau yn glustiau ac yn llygaid disgwylgar.

Eglurodd Lewis beth oedd ei broblem. Soniodd fel yr aethai ati i ysgrifennu drama ar fywyd Abram, a bod honno'n cael ei pherfformio yn neuadd y dref nos trannoeth. Yn yr act olaf yr oedd angen hwrdd i'w aberthu yn lle Isaac, yn ôl y stori yn llyfr Genesis. Yr oedd y bwtsiwr lleol wedi addo rhoi benthyg hwrdd Texel oedd wedi ennill llawer o wobrau mewn sioeau lleol yn ystod yr haf. Ond taflodd 'Llwyd o'r Llan', sydd hefyd yn awdur dramâu, sbaner i'r olwyn, gan ddweud nad oedd hyrddod Texel yn nyddiau Abram. Neges Lewis oedd gofyn i Tomos, oedd wedi treulio ei oes ar y mynydd, a wyddai ef am anifail pwrpasol o hwrdd, ar gyfer y ddrama. A nodiodd Tomos yn ddeallus. Gwaetha'r modd nid yn fynych y gofynnid am ei farn ynglŷn â hyrddod mynydd.

Tynnodd Tomos ei gap pan sylweddolodd fod gweinidog yn eistedd yn bennoeth ar y gadair esmwyth.

'Rwy'n gwbod am y feri thing.'

'Be wyt ti'n feddwl?' gofynnodd Marged, yn falch fod ei gŵr yn barod i wneud cymwynas â gweinidog o enwad arall.

'Hwrdd Leisa Gors Fowr,' meddai Tomos.

Cododd Marged ei dwylo mewn amheuaeth anghrediniol.

'Tomos bach, ma' hwnna'n rhy salw i acto mewn drama o fla'n pobol barchus y dre.'

Gwenodd Lewis yn llawen a gobeithiol. Dyna'r union greadur at ei bwrpas. Agorodd ei enau i ofyn cwestiwn, ond torrodd Tomos ar ei draws.

'Meddyliwch am y bwtsiwr yn cynnig rhoi benthyg Texel i chi. Fydde Abram ddim yn aberthu anifel gwerthfawr fel'na. Ond dyna fe, ma' fe'n rhy fisi yn bwtshera i ddarllen 'i Feibil. A beth yw'r Llwyd o'r Llan 'ma y sonioch chi amdano?'

'Ro'dd e'n arfer dod i Horeb yn gyson, ond fe bwdodd am fod cwmni drama'r capel wedi gwrthod perfformio'i ddrama *Diwedd y Byd*.

'Ro'dd hi'n ddrama yn llawn mellt a tharane, a daeargryn a thân.'

'Chlywes i ariôd shwd beth. Fe alle'r lle fynd ar dân.'

'Fe anghofiwn ni am y Llwyd. Fyddech chi'n fodlon dod gyda fi i ofyn am fenthyg yr hwrdd?'

Llawenychodd Tomos wrth feddwl am gael dychwelyd i gyffiniau Nant Gors Ddu, a hynny yng ngherbyd gweinidog o enwad arall yn Llanamlwg. A threfnwyd i fynd i Gors Fawr ar ôl cinio cynnar.

Llonyddodd llaw Leisa yn sydyn yn y badell geirch wrth iddi fwydo'r ieir, pan welodd y cerbyd dieithr yn dod i fyny'r ffordd at Gors Fawr. Brysiodd i'r parlwr i newid ei ffedog, a rhuthrodd i gymhennu ychydig ar annibendod y gegin. Cyn iddi orffen clywodd y cerbyd yn arafu o flaen y tŷ, a llais cyfarwydd yn galw.

'Ble rwyt ti 'ma?'

Llwyddodd hithau i yrru'r cathod ar ffo, a rhoi ysgytiad chwyrn i glustog y sgiw nes bod y llwch yn esgyn yn gymylau yng ngoleuni gwanllyd yr haul a dreiddiai drwy gwareli bychain y ffenestr. Yna, taflodd gwrlid gwyrdd dros y gadair lle bu'r ast yn cysgu a breuddwydio drwy'r bore. Cyn iddi orffen tacluso clywodd lais Tomos drachefn.

'Rwy' wedi dod â Mr Lewis, gweinidog Horeb, i ga'l gair â ti.'

'Dere ag e i'r tŷ,' gwaeddodd Leisa.

O na fuasai hi wedi cael ond chwarter awr ychwanegol i roi megis ond llyfiad cath o ddŵr dros ei hwyneb, a thynnu crib drwy ei gwallt.

Cnodd ei gwefus. Ni fuasai Tomos wedi dod â gweinidog dieithr i Gors Fawr oni bai fod rhywbeth o'i le. Tybed a oedd rhyw berthynas pell iddi wedi ymadael â'r fuchedd hon mewn dyledion? Os felly, ei chyfrifoldeb hi oedd talu holl dreuliau'r angladd. Dyna'r peth cyntaf a ddaeth i feddwl Leisa, ond gwawriodd hyfryd oleuni blaen y wawr ar ei henaid pan orfododd ei hun i feddwl fod rhywun yn rhywle wedi ewyllysio swm sylweddol o arian iddi. Nid oedd wedi clywed ers blynyddoedd oddi wrth Jo ei chefnder a ddihangodd ar noswyl ei briodas ugain mlynedd yn ôl, gan dystio wrth ei fam fod cadw gwraig yn ormod o faich ariannol. Ni ddaeth Jo byth yn ei ôl.

Ymwthiodd Mr Lewis i'r gegin heb ei wahodd pan oedd Tomos yn pwyso ar ffens y Cae Dan Tŷ a'i lygaid ar y defaid.

'Prynhawn da,' cyfarchodd Lewis yn wên o glust i glust wrth ysgwyd llaw â Leisa. Sut y medrai'r dyn wenu os oedd wedi dod i'w hysbysu fod ei chefnder wedi marw? Efallai mai Mr Lewis oedd wedi gwneud ewyllys Jo, a'i fod wedi gadael miloedd iddi hi. Yr oedd y dybiaeth yn goglais ei mynwes am y gallai ei gweld ei hun yn prynu byngalo yn ymyl Tomos a Marged yn Llanamlwg.

Eisteddodd y gweinidog dieithr yng nghadair yr ast, a daeth Tomos i'r tŷ gan ei rhoi ei hun yn gysurus ar y sgiw fel yr arferai wneud pan oedd ef a Marged yn byw yn Nant Gors Ddu. Disgwyliai Leisa yn eiddgar am y newyddion da, neu ddrwg, pan dorrodd Tomos ar y distawrwydd i ddweud ei neges.

'Ma' Mr Lewis wedi sgrifennu drama am Abram yn aberthu Isaac, a fel wyt ti'n cofio'r stori yn yr Ysgol Sul 'slawer dydd, fe dda'th angel i stopo fe i ladd Isaac, a fe aberthodd hwrdd. Ma' Mistir Lewis ise benthyg yr hwrdd gen' ti. Fe ofalwn ni fod y criadur yn ca'l perffeth whare teg, a bydd e 'nôl i ti yn saff fel y banc.'

Diflannodd ffortiwn Jo fel gwlith yn haul y bore. Eglurodd Lewis yn fanylach am y modd y bu iddynt newid eu meddyliau am y Texel a addawyd gan y bwtsiwr. Ond yr oedd un peth yn gwasgu'n drwm ar feddwl Leisa.

'Fyddwch chi'n lladd yr hwrdd ar yr allor . . . fyddwch chi?'

Gwenodd Lewis Horeb wrth egluro iddi y byddai'r hwrdd yn hollol ddiogel, ac mai drama oedd y cyfan. Ef ei hun fyddai'n actio Abram, a chyllell bren wedi ei phaentio â phaent arian fyddai'r arf a ddefnyddid. Bodlonwyd Leisa gan yr eglurhad boddhaol. Nid oedd hi am i'r hen hwrdd oedd wedi tadogi cymaint o ŵyn proffidiol, fynd i'w dranc ar lwyfan drama.

'Dowch ma's i' weld e.'

Aeth y tri allan i dalcen y tŷ. Gwaeddodd

Leisa nerth ei cheg fel pe bai'r hwrdd yn fyddar bost.

'Sam . . . Sam . . . Dere, boi . . . Dere, Sam bach.'

Fel hen ŵr yn ceisio dal trên yn ofer, bustachodd yr hwrdd tuag atynt. Dyna'r creadur hyllaf a welsai Lewis Horeb yn ei ddydd. Safodd yn syn fel y deuai'r anifail tuag atynt. Rhwbiodd Lewis ei ddwylo.

'Dyma'r union hwrdd ar gyfer fy nrama. Rwy'n falch 'mod i wedi ei chyfansoddi, pe bai dim ond er mwyn yr hwrdd. Ardderchog iawn, rwy'n diolch ymlaen llaw ar ran Horeb. Fe ddaw'r diolchiadau swyddogol eto. Ma'r hwrdd yma'n codi statws y ddrama.'

Gwridodd Leisa at ei chlustiau. Tybed a fyddai ei henw yn y *Cambrian News*? Efallai y gwelid ei llun hi a'r hwrdd ar y dudalen flaen.

'Ma' croeso i chi ga'l 'i fenthyg e fel y mae e,' meddai Leisa gan ystyried mor fawr oedd y fraint o fod o gymorth i gapel Horeb, Llanamlwg.

Gydag amser daliwyd yr hwrdd, rhwymwyd ei draed, a'i osod yng ngherbyd gweinidog Horeb, cyn ei gludo i dreulio dwy noson a diwrnod yn y sièd yng ngardd Tomos, cyn iddo ei anfarwoli ei hun ar lwyfan neuadd y dref Llanamlwg. Cafodd Leisa docyn rhad i'r sedd flaen, a gwahoddiad i aros yn Hafod Lon gyda Tomos a Marged. Yn ogystal, byddai tacsi yn ei chyrchu yn gynnar yn y prynhawn. Yr oedd yn gynnig da, ond pwy oedd i ofalu am y fuwch a'r ffowls, a'r defaid wrth gwrs, a amddifadwyd o gwmni'r hwrdd? Setlwyd y problemau dyrys pan addawodd Hannah Jên sy'n byw yn y tŷ yn ymyl y ciosg, islaw Nant Gors Ddu, i wneud hynny. Yr oedd Hannah Jên wrth ei bodd. Roedd yn well ganddi hi fod gartref yn gwylio ffilm secsi ar y teledu, nag yn eistedd ar gadeiriau pren yn neuadd y dref, Llanamlwg, yn edrych ar ddrama grefyddol a ysgrifennwyd gan weinidog lleol.

'Ffwrdd â chi, Leisa. Joiwch . . . fe fydd y fuwch a'r ffowls a'r defed wrth 'u bodde gyda fi. Ond gair bach o gyngor . . . steddwch chi yn sêt y gwt yn y tacsi . . . nid mla'n ar bwys y tacsi-man . . . ma' ambell un ohonyn nhw'n gallu bod yn od.'

*　　*　　*

Daeth y noson hirddisgwyliedig. Yr oedd y neuadd yn llawn ymhell cyn saith o'r gloch, a seddau'r plant o flaen y llwyfan yn orlawn am fod y sôn wedi mynd ar led yn iard yr ysgol am yr hwrdd cyntaf i ymddangos mewn drama yn Llanamlwg. Ac nid esgus o hwrdd, ond hwrdd go iawn.

Cafodd Marged a Leisa ddwy o'r seddau

95

gorau, ac edrychent ymlaen yn eiddgar at weld yr hwrdd yn perfformio. Plygai Marged i bob cyfeiriad i ddweud wrth bawb oedd o fewn clyw mai Tomos oedd yn gofalu am yr hwrdd hyd awr ei aberthu ar yr allor, ac yna fe'i tywysid yn ôl i'r sièd yng ngardd Hafod Lon.

Diffoddodd goleuadau'r neuadd. Ymdawelodd y plant. Dihangodd tri neu bedwar ohonynt at eu rhieni yn eu hofn.

Dyna ddrama. Mr Lewis ei hun oedd yn cymryd rhan Abram. Ei lwc ef oedd y ffaith mai ef oedd perchennog y wisg werdd a wisgai yn yr Orsedd cyn iddo gael ei ddyrchafu i'r wisg wen i gydnabod ei gyfraniad i'r ddrama yng Nghymru. A'r wisg werdd a gafodd ei throi heibio a addaswyd yn fantell Abram ar gyfer y ddrama, gan ychwanegu barf anferth o wlân gwyn i drawsnewid gweinidog Horeb yn batriarch o fore bach y byd Iddewig.

Beca Mei oedd Sara, gwraig Abram, a bu cymeradwyaeth fyddarol pan blannodd Abram glamp o gusan ar dalcen Sara cyn iddo gychwyn ar ei daith i ben Moreia i aberthu ei unig fab Isaac, sef Ianto, Bachgen Mowr Mam, i'r Arglwydd. Daeth dagrau i lygaid rhai o'r mamau wrth weld yr orymdaith yn cychwyn ar ei thaith.

Yn rhywle yng nghefn y llwyfan daliai Tomos ei afael yn gyndyn yng nghyrn yr hwrdd, yn barod i'w wthio i ddwylo Abram yn ystod y munudau cyffrous, bron ar ddiwedd y ddrama. Munudau dramatig oedd y munudau hynny pan rwymodd Abram ei fab â chortyn beinder ar yr allor, neu yn hytrach ar yr hen fwrdd biliards a fu unwaith yn dra phoblogaidd. Yn y gynulleidfa daliai'r ifanc eu hanadl, ond fe wyddai'r cyfarwydd â'u Beibl fod diwedd hapus i'r stori.

Yn y tensiwn llethol cododd Abram y gyllell yn ddigon uchel i bawb o'r gynulleidfa ei weld, ond rhuthrodd yr Angel, sef Miss Beynon y Post Offis, i'r llwyfan yn ei gŵn nos gwyn, a'i gwallt wedi ei ollwng i lawr dros ei ysgwyddau. Daeth bloedd galonrwygol o'i genau.

'O Abram, Abram, paid â'i ladd. Wele hwrdd acw yn y berth. Cymer ef i'w aberthu yn lle dy fab . . .'

Bu tawelwch mawr. Sylweddolodd Tomos fod Abram yn hir iawn yn dod i gyrchu'r hwrdd. Llusgodd Tomos y creadur gerfydd ei gyrn i ganol y llwyfan, heb ystyried fod cannoedd o lygaid yn dystion o'r sefyllfa ddoniol. Sefyllfa a fyddai'n ddigon i benderfynu talent Lewis Horeb fel dramodydd.

'Dyna'r hwrdd i chi, Mistir Lewis,' gwaeddodd Tomos.

Llifodd tonnau tymhestlog o chwerthin drwy'r neuadd. Gafaelodd Abram, a oedd wedi colli ei farf erbyn hyn, yng nghyrn yr hwrdd. Ond

97

dwylo eiddil 'Horebfab' oedd ganddo, nid dwylo trafodwr hyrddod yr Hen Oruchwyliaeth. Gwylltiodd yr hwrdd yn sŵn y chwerthin a'r curo dwylo byddarol. Daeth hiraeth arno am ei wragedd ar gaeau mynyddig Gors Fawr, a rhoddodd lam o'r goleuadau i'r tywyllwch dirgel gan adael Abram ar asgwrn ei gefn ar flaen y llwyfan o dan y bwrdd biliards. Bu bron i'r Llwyd o'r Llan dagu wrth chwerthin â'r caramel yn ei geg, a bu'n ffodus fod Nyrs Ifan yn eistedd y tu ôl iddo. Rhoddodd honno ergyd iddo yn ei gefn nes iddo lyncu'r garamel ar ddamwain.

Bu rhywun yn ddigon call i roi goleuadau'r neuadd ymlaen. Yna, llithrodd y llenni ar draws y llwyfan pan oedd Abram yn gweddïo o ddifrif i gyfeiriad y mynyddoedd. Cododd ar ei draed i ddianc i'r ystafell gefn i ddadwisgo. Mor anffodus iddo oedd y trychineb difrifol bron ar ddiwedd ei ddrama. Cofiodd am y bore heulog o Awst pan safai o flaen y Maen Llog i gael ei anrhydeddu gan Orsedd y Beirdd. Bu bron i'r Cofiadur gael y genglo wrth gyflwyno 'Horebfab ab Efydd' i'w urddo yn yr Orsedd. Ar ôl hynny penderfynodd Lewis Horeb hepgor yr 'ab Efydd' yn ei enw barddol.

'Ro'dd Tomos Ni yn dda, a meddwl mai dyna'r tro cynta iddo fe acto mewn drama. Dyna'r fantes o fyw yn Llanamlwg,' meddai Marged yn falch o'i gŵr.

'Ro'dd Sam yn dda hefyd. Trueni na fydde'r dynion yn acto cystal ag e,' meddai Leisa, wrth iddi hi a Marged godi gyda'r gynulleidfa i ganu'r anthem genedlaethol.

'Beth am y ddrama?' gofynnodd Mr Lewis i'r sgwlyn, un o ffyddlon ddiaconiaid Horeb.

'Gwell o lawer na'r dramâu modern 'ma,' atebodd hwnnw gan wasgu ei ochrau, a'r dagrau'n byrlymu o'i lygaid.

Ac wrth iddo gael ei arwain yn ôl i'r sièd yn Hafod Lon cerddai Sam mor urddasol â mascot y fyddin Gymreig, heb gymryd sylw o'r plant a'i pryfociai o bellter diogel yng ngoleuni pŵl lampau'r strydoedd.

Penderfynodd Tomos a Marged gadw'r hwrdd am bythefnos er mwyn iddo bori tipyn ar y borfa yng ngwaelod yr ardd, a chytunodd Leisa yn llawen.

Trannoeth y ddrama cododd Tomos yn gynnar er mwyn sicrhau fod y ffens o gwmpas yr ardd mewn cyflwr gwrth-hyrddol, ac wedi cael ei fodloni aeth i'r tŷ i gael ei frecwast. Manteisiodd Leisa ar y cyfle i gael bath cyn dod lawr i'r gegin. Y tro diwethaf iddi gael y profiad hwnnw oedd ddwy flynedd ynghynt pan fu yn yr ysbyty yn cael ei phendics allan.

Wedi brecwast aeth Tomos i'r ardd ac at y sièd i agor y drws er mwyn i'r hwrdd gael ei frecwast yntau.

'Dere, boi. Ma' mwy o borfa fan'ma na sy lan yn Gors Fowr.'

Nid porfa i hwrdd mynydd oedd y glaswellt garw, a chyn pen fawr o amser teimlai Sam nad Llanamlwg heb ddafad yn y golwg yn unman oedd y lle pori delfrydol iddo ef. Wedi rhoi ei ymennydd a'i reddfau cynhenid ar waith, casglodd holl nerth ei gyhyrau i godi cyflymdra a dianc o'i gaethiwed ac allan i'r byd mawr trwy lidiart yr ardd a adawyd ar agor gan esgeulustod Tomos. A diflannodd yr hwrdd fel bwch dihangol, a chodi megis awyren jet dros y clawdd bychan wrth dalcen y tŷ.

Gwylltiodd Tomos a bustachodd i gyfeiriad y gegin gefn fel dyn yn ceisio am gymorth mewn cyfyngder. Daeth Marged i'r drws, a gwelodd fod Tomos bron colli ei anadl wrth redeg.

'Be sy'n bod nawr?'

'Ma'r hwrdd wedi dianc. Dyna be sy wrth fenthyca hwrdd a bod yn gyfrifol amdano wedyn.'

'Pam wyt ti mor ddidoreth yn dy hen ddyddie?'

Nid oedd am golli amser i ddadlau â Marged, ac i ffwrdd ag ef nerth ei draed heb wybod yn iawn i ble. Ar gornel y stryd safai dyn a menyw mewn cyfyng-gyngor.

'Welsoch chi hwrdd yn mynd ffor' hyn?'

'Sorry. We don't understand Welsh.'

'Did you see ram sheep . . . with two big corns.'

Cododd Tomos ei ddwylo at ei glustiau, a chodi dau fynegfys bob ochr i'w ben fel dau gorn hwrdd. Gwasgodd y fenyw yn nes at ei gŵr, os mai ei gŵr ydoedd. Rhoddodd yntau ei fraich eiddil amdani.

'It's O.K. luv. He's one of those people. Poor fellow.'

Carlamodd Tomos ar ei daith gan felltithio Lewis Horeb am fynd ati i ysgrifennu drama, yn hytrach na meindio'i fusnes a bugeilio'i braidd ei hun. Safai P.C. Rivers o flaen swyddfa'r heddlu yn mwynhau awel iach y bore.

'Welsoch chi hwrdd?'

'Fe weles i ddigon o hwrdd, os nad hyrddod, neithiwr, yn y ddrama felltith. Fe ddylech chi gofio fod gen i bwysicach gwaith na chadw llygad manwl ar hyrddod gwyllt a gweinidogion dwl sy'n meddwl 'u bod nhw'n ddramodwrs.'

Ciliodd gŵr y gyfraith i'r tŷ yn biwis at ei facwn a'i wy gan gau'r drws yn glep ar ei ôl.

Dridiau yn ddiweddarach edrychodd Leisa Gors Fawr allan drwy ffenestr ei hystafell wely i weld a oedd y defaid yn ddiogel yn y Cae Dan Tŷ. Yr oeddent yno i gyd. Ac er mawr syndod iddi, y tu allan i glwyd y cae yr oedd yr hwrdd yn gorwedd yn foddhaus wrth gnoi ei gil. Yr oedd Leisa hefyd wrth ei bodd. Gwaeddodd heb yn wybod iddi hi ei hun.

'Sam bach, rwyt ti wedi dod o'r diwedd. Does unman yn debyg i gartref.'

Disgynnodd Leisa i lawr y grisiau fel merch ifanc, i gychwyn diwrnod newydd arall. Yr oedd teulu Gors Fawr yn gyfan unwaith eto.

Cwyd dy Fatras

Yr oedd Ifan Defi, mab Morgan cefnder Marged, ar fin ymddeol o'i weinidogaeth sigledig yn Sardis, ond gan fod Anti Marged ac Wncwl Tomos yn byw yn Hafod Lon, y tŷ a etifeddwyd iddo ef a Megan ei wraig, y broblem fawr oedd sut i ddweud wrth yr hen bobol, yn y cyfamser, am yr ymddeoliad. Ond ar brynhawn heulog Pwyllgor Mawr y Genhadaeth Gartrefol a Thramor, cyfarfu Ifan Defi â'r Parchedig Andreas Jones, gweinidog Moreia, ar y Prom yn Aberystwyth. Heb i un gymell y llall eisteddodd y ddau ar y sedd yn sŵn cymanfa'r gwylanod.

'Beth yw'r stori 'ma dy fod ti'n riteiro?' gofynnodd Andreas.

'Ma hi'n eitha gwir. Ond ma' gen i broblem.'

'Problem tŷ?'

'Ie. Fedra i ddim troi Wncwl a Modryb mas.'

Gwenodd Andreas. Yr oedd ganddo awgrym i setlo'r broblem.

'Gwranda. Ma' tŷ capel Moreia'n wag. Rwy'n siŵr y bydde'r saint yn fwy na bodlon i Tomos a Marged Williams 'i ga'l e. Ma'n well gan y bobol ifanc sy'n priodi heddi dalu crocbris o rent am dŷ cyngor, na cha'l tŷ yn ddi-rent am ofalu am yr adeilade a rhoi bwyd i bregethwr y Sul. Ma' tŷ capel Moreia mewn cyflwr da, ac yn ddigon gweddus i unrhyw un gerdded miwn iddo fe fory nesa.'

Fe wyddai Andreas Jones y byddai Tomos a Marged yn denantiaid parchus a delfrydol. Ar ei ffordd adref galwodd yn Hafod Lon er mwyn chwilio allan beth fyddai ymateb Tomos a Marged. Cododd Marged ei dwylo mewn syndod a chroeso pan aeth i ateb y drws.

'Wel, wel. Dyma ddyn dierth. Ond whare teg, dy'ch chi ddim yn fugel i ni. Ond ma' Tomos a fi wedi bod yn teimlo fel dod yn aelode atoch chi, wa'th trafferthus yw hi i fynd 'nôl bob Sul i'r Capel Bach. Dowch miwn, Mistir Andras. 'Steddwch. Gymrwch chi baned o de?'

'Dim diolch. Wnes i ddim ond ca'l paned yn Aberystwyth.'

'A fe fuoch chi yn 'Berystwyth. O'dd 'na lawer o bobol ddierth?'

'Ro'dd y lle'n llawn dop.'

'Rhywun o'ch chi'n nabod?'

'Wel, do. Fe gwrddes i â Ifan Defi.'

Eisteddodd Marged yn ddisgwylgar i gael rhagor o hanes Ifan Defi, mab Morgan ei chefnder.

'Shwd o'dd e'n edrych.'

'Yn dda iawn. Yn llond 'i gro'n ac yn barod i riteiro.'

Daeth Tomos o rywle gan ddilyn y gath. Eisteddodd ar y sgiw rhwng cleber Marged a gweinidog Moreia. Mynnodd Marged gael dweud.

'Glywest ti, Tomos? Ma' Ifan Defi yn riteiro.'

'Ma' fe'n lwcus iawn. Cyn i'r bwtshwr 'i ladd e,' meddai Tomos gan sugno ei bibell lwythog nes bod ei fochau yn pantio oddeutu ei geg.

Cywilyddodd y gweinidog, oblegid yr oedd y bwtsiwr crybwylledig yn frawd-yng-nghyfraith iddo. Syrthiodd gwep Marged. Cnodd ei gwefus mewn gofid. Ymbiliodd i lygaid y Parchedig.

'Ble ma' Ifan Defi a Megan yn mynd i fyw? Y nhw sy'n perchen y tŷ 'ma.'

Taniodd gweinidog Moreia ei bibell 'Made in Hong Kong', a llifodd perarogl y baco ffansi i ffroenau Marged. Taniodd Tomos ei bibell grestlyd yn awchus. Edrychodd Marged arno.

'Dyna'r baco bach neis y dylet ti Tomos brynu yn lle'r hen shag drewllyd 'na.'

Poerodd Tomos i'r tân nes i hwnnw hisian ei ddialedd. Gwelodd Tomos ddihangfa drwy'r cymylau mwg.

'Bydd yn rhaid riparo tipyn ar Nant Gors Ddu. Fe fydd yn ddigon da i Marged a fi o hyn i ddiwedd y daith.'

Gwelodd y Parchedig Andreas Jones ei gyfle.

'Rwy'n meddwl fod yna ffordd amgenach i setlo'r broblem, heb i chi orfod symud o Lanamlwg?'

Canfu'r ddau fod gwên ar wyneb Mr Jones

wrth iddynt ddisgwyl yn eiddgar am y frawddeg nesaf. Ac fe ddaeth honno ar ôl eiliadau o dragwyddoldeb.

Fyddech chi'n fodlon ystyried byw yn nhŷ capel Moreia? A maes o law fe ddaw Ifan Defi a Megan i fyw gyferbyn â chi.'

Gwelodd Marged y niwl yn clirio. Cipiodd ymyl ei ffedog i ddal y deigryn disymwth a dasgodd allan o'i llygad. Daeth gorfoledd i'w llais.

'Glywest ti, Tomos? Ma' Mistir Jones am inni fynd i fyw i'r tŷ capel. Fe fyddwn ni fel byddigions. Pwy feddylie hynny flynydde 'nôl. Bydd yn rhaid i ti Tomos newid dy faco yn dy hen ddyddie.'

Brysiodd Mr Jones i egluro'n fanylach.

'Na, na, Mrs Williams. Gofyn wnes i a fyddech chi a Tomos Williams yn fodlon symud i'r tŷ capel, hynny yw, pe bai aelodau Moreia yn cynnig y tŷ i chi?'

'Ma' digon o bobol ifenc eisie tai.' Ond yr oedd y gweinidog yn barod i ymresymu.

'Ma' hynny'n ddigon gwir, Mrs Williams, ond chewch chi ddim pobol ifanc i gymryd y cyfrifoldeb o ofalu am dŷ capel, nid yn unig yn Llanamlwg ond ym mhobman, gwaetha'r modd.'

Cododd Mr Jones i fynd. Hebryngwyd ef yn foneddigaidd at y drws gan Tomos a Marged mewn cawodydd o ddiolchgarwch. Dychwelasant i'r gegin rhwng dau feddwl.

'Beth yw dy farn di, Tomos?'

'Fe fydd yn od iawn i fyw mewn tŷ capel. Gobeithio na fydd y geire mowr yn dod mas, a falle bydd ambell bregethwr yn gweud y drefen yn hallt yn erbyn smoco.'

'Os bydd hi'n galed arnat ti cer i sièd yr ardd i ga'l mwgyn.'

'Digon hawdd i ti weud hynny, ond beth os bydd eira mowr a rhew a finne'n dal niwmonia?'

Erbyn bore Llun gwyddai'r mwyafrif o drigolion Llanamlwg fod Mr a Mrs Williams, Hafod Lon, yn symud i dŷ capel Moreia. Ond mewn cenfigen awgrymodd dau neu dri o aelodau'r capel y dylid fod wedi rhoi'r cynnig cyntaf i Mrs Jones, cogyddes yr ysgol gynradd, o barch i'w gŵr, y diweddar Joseff Jones, a fu'n cadw'r fynwent mor gymen am flynyddoedd. Ac ni fedrai ei weddw siomedig ddyfalu sut y medrai Marged ddod i ben â'i dyletswyddau, gan fod ambell bregethwr yn gorfod bod yn ofalus iawn beth i'w fwyta.

Yn gynnar yn y prynhawn cerddodd Marged yn benuchel i lawr y stryd i bostio llythyr i Ifan Defi a Megan.

'Shwd ma' Mrs Williams, Tŷ Capel?' gwaeddodd y Siopwr wrth hongian rhestr o fargeinion yr wythnos yn ffenestr ei siop.

'Prynhawn da, Mrs Williams, Tŷ Capel,' cyfarchodd Jones M.P.S. wrth glirio baw cŵn o dalcen ei fferyllfa.

Ar ôl postio'r llythyr dychwelodd Marged yn hamddenol i'r tŷ. Yr oedd yn edrych ymlaen am symud i'r tŷ capel, a theimlai flynyddoedd yn iau. Daeth o hyd i Tomos yn y gegin gefn yn carthu crest o'i bibell.

'Rwyt ti a fi yn bobol bwysig,' meddai wrtho.

Ni chododd Tomos ei ben o'i orchwyl diflas. Gwaeddodd Marged yn uwch.

'Ro'dd pawb yn gofyn yn seriws. "Shwd ma' Mrs Williams, Tŷ Capel?"'

'Gofala di beidio codi yn rhy glou yn y byd,' oedd ateb Tomos.

Ni fynnai Marged gael ei llusgo oddi wrth ei phwnc.

'Meddylia di am ddou fach mor shimpil â ni yn gofalu am dŷ capel Moreia. Wyt ti'n meddwl y medra i 'neud bwyd digon da i'r pregethwyr? Ma' ambell un â'i stymog fach e mor wan.'

Daeth chwerthiniad isel i oglais gwddf Tomos.

'Fe fytith Ifans, Bethania, gig eliffant heb edrych ddwywaith arno.'

Chwarddodd Marged. Yr oedd hi mor hapus wrth feddwl am yr anrhydedd a ddeuai iddi wrth weini ar broffwydi'r Arglwydd. Cofiodd am Mr Jones, gweinidog y Capel Bach yn pregethu ar

Elias a'r Weddw o Sareffta. Ond nid oedd hi'n weddw eto.

Cyn diwedd y mis cawsant yr allweddi a'r telerau, ac aethant ill dau i gael golwg mwy manwl ar y tŷ. Fel y dywedasai Mr Jones wrthynt nid oedd angen papuro na phaentio. Crwydrasant yn hamddenol o stafell i stafell mor chwilfrydig â phâr ifanc newydd briodi.

'Fe fydde'n brofiad neis i farw mewn tŷ capel, falle yn y rŵm lle buodd rhyw bregethwr enwog yn cysgu,' meddai Marged yn sionc.

Ni wnaeth Tomos unrhyw sylw o'r awgrymod. Nid oedd ef am farw eto. Edrychodd allan drwy'r ffenestr gefn ar y twlc yn y mieri ar waelod yr ardd. Gwenodd wrth feddwl am y syniad o'i adfer i gadw mochyn maes o law, ond cadwodd y meddylfryd iddo ef ei hun am y tro. Oni fyddai ambell weinidog megis Rowlands, Nasareth, wrth ei fodd yn cael sleisen o ham ac wy cyn mynd adref nos Sul. Byddai hynny'n codi statws Marged, ac yn gyfle iddo yntau gael sleisen neu ddwy yn hytrach na sbarion cinio. Ond yr oedd Marged yn galw, a'i llais yn eco drwy'r stafelloedd gwag.

'Cer lan i'r tŷ i nôl y matras sbâr ar y landin. Bydd digon o le iddo fe yn y rŵm segur fan'ma. Wyt ti am i fi dy helpu di?'

Nid oedd gan Tomos fawr o feddwl o'r

matras. Mynnodd Marged ei symud gyda'r celfi o Nant Gors Ddu. Dylai fod wedi rhoi matsien iddo ym mhwll y domen. Pa sawl gwaith yr ysigodd Tomos fawd ei droed wrth daro yn ei erbyn pan oedd yn croesi'r landin i'r toiled yn nyfnder nos? A dyma hi eto yn mynnu cael yr hen lambar i lofft y tŷ capel gan lynu wrtho fel pe bai'n hen bechod.

'Wyt ti am help i gario'r matras?' llefodd Marged wrth weld ei gŵr ymarhous yn tindroi o gwmpas fel iâr ori.

Ni fynnai Tomos help neb. A pha sawl gwaith y bu'n ymbil arni i waredu'r swmbwl yn y cnawd. Wedi cyrraedd y tŷ a straffaglan yn ei ddau-ddwbwl dros y grisiau i'r landin gwthiodd y matras nes i'r 'slumbersweet' ddisgyn yn drwsgwl o letchwith yn groes i'r pasej islaw. Ei gael allan i'r awyr agored, neu'n hytrach cael gafael iawn ynddo oedd y broblem. Ni fedrai Tomos ddeall pam na fuasai'r sawl a ddyfeisiodd fatras wedi cynllunio rhyw fath o ddyfais i'w symud yn hwylusach o fan i fan.

Nid yn fynych y daw gweledigaeth mewn argyfwng i ran Tomos, ond fe'i cafodd y bore hwnnw. Er nad oedd yn hoffi'r Beibl Cymraeg Newydd yn tystiolaethu mai geiriau'r Iesu wrth y claf o'r parlys oedd 'Cwyd dy fatras' gallai dderbyn yr hyn a floeddiai Lewis Tymbl yng nghyrddau mawr Salem, 'Roll up thy mat', a dyna wnaeth Tomos. Wedi ymdrech galed fe'i rowliodd rywsut, rywfodd, gan lwyddo i gael cordyn beinder amdano. A daeth i ben â chael y trwsgwl ar ei gefn cyn croesi'r stryd.

Marchogai'r Parchedig John Padarn Huws ar gefn ei feic i lawr yr union stryd, sef Stryd y Capel. Yn rhyfedd iawn yr oedd yntau hefyd wedi bwriadu ysgrifennu pregeth ar y claf o'r parlys yn cludo'i fatras ar ei ffordd tuag adref wedi iddo gael iachâd llwyr yng Nghapernaum. Tybiodd Huws ei fod yn breuddwydio am ei bregeth pan welodd fatras yr hwn a gludid gan ddwygoes a deutroed yn croesi'r ffordd o'i flaen. Buasai wedi brecio'n sydyn oni bai iddo fod yn berffaith sicr ei feddwl mai dychymyg oedd y matras. Y foment nesaf yr oedd olwyn flaen yr Hercules, a thalcen moel y Parchedig John Padarn Huws wedi taro yn erbyn y matras symudol â'r fath hwrdd nes bod Tomos a'r Ficer, y beic a'r matras yn un cybolfa ar ganol y stryd brysur, ond ni anafwyd neb er i handl y beic fachu yng ngholer y Parchedig.

Trannoeth cafwyd bore bendigedig o wynt a heulwen, a brysiodd Marged i'r tŷ capel i agor ffenestri llawr a llofft led y pen, er mwyn awyru'r stafelloedd cyn y symudfa fawr yn ddiweddarach yn ystod y dydd. Ymfalchïai ei bod hi a Tomos wedi cael y tŷ capel yn ddi-rent am ofalu bwydo'r pregethwyr ac edrych ar ôl yr adeiladau.

Cyn dychwelyd i Hafod Lon yn groes i'r ffordd gadawodd ddrws y tŷ capel ar agor gan nad oedd yno ddim o werth ond y matras yn y stafell gefn, ac ni fedrai neb gipio hwnnw yng ngolau dydd heb i rywun ei weld.

Yr oedd Tomos hefyd o fewn cyrraedd, a chafodd syndod wrth weld Jona Jones, un o ddiaconiaid Horeb, yn llercian o gwmpas. Yr oedd gan Jona ddiddordeb mawr yn y tŷ capel, ac ni chofiai ei weld yn wag ers blynyddoedd. Wrth iddo fusnesa daeth cyfle iddo o'r diwedd i'w gymharu â thŷ capel Horeb, oblegid enwadwr cul oedd Jona, ond ni wyddai fod Tomos y tu ôl i glawdd yr ardd yn ei wylio'n ofalus.

'Hylô 'ma,' gwaeddodd Jona ar y trothwy rhag ofn fod rhywun yno wedi cyrraedd o'i flaen. Ond nid oedd llef na neb yn ateb. Yna, gwelodd ddrws yn y llawr yn arwain i'r seler. Daeth i'r penderfyniad nad oedd tŷ capel Moreia mor gynnes â thŷ capel Horeb. Gan nad oedd sŵn neb yn unman mentrodd Jona i lawr dros risiau cul y seler. Pan ddaeth Tomos i'r tŷ yn llechwraidd gwelodd ben Jona yn diflannu i'r seler, a phenderfynodd ddysgu gwers iddo. Plygodd i gau'r drws-llawr yn ddistaw a'i folltio, fel nad oedd gobaith i ddiacon Horeb ddianc o'i garchar tanddaearol. Yna, dilynodd Marged i'r tŷ yn Hafod Lon. Yr oedd yn amser cinio.

'Ble rwyt ti wedi bod?' gofynnodd Marged pan glywodd ei sŵn.

'Yn yr ardd,' atebodd yntau.

'Dyna lwcus wyt ti a fi i ga'l y tŷ capel.'

'Ie.'

'Fe fydd y seler yn handi iawn i gadw cawdel.'

Ni sylwodd hi ar y wên ar wyneb Tomos.

Hwn oedd dydd y symudfa fawr. Yr ail yn hanes Tomos a Marged. O Nant Gors Ddu i Hafod Lon, ac o Hafod Lon i dŷ capel Moreia. Tipyn o newid o'r wlad i'r dref, a mwy o newid o dŷ preifat i dŷ capel, cyrchfan gweinidogion, pregethwyr a blaenoriaid.

Byddai'r ecsodus o Hafod Lon yn cychwyn am hanner awr wedi dau.

Penderfynodd Marged wneud cinio cynnar iddi hi a Tomos. Ond nid oedd fawr o awydd cinio ar Tomos wrth feddwl am gyflwr a theimladau y carcharor yn y seler.

Edrychodd Mrs Jona Jones ar y cloc marmor ar y mamplis. Yr oedd yn hanner awr wedi un. Ni fedrai ddeall pam yr oedd ei gŵr mor ddiweddar yn dod i'r tŷ at ei ginio-salad, oblegid arferai fod mor brydlon. Aeth allan i'r stryd. Nid oedd sôn am Jona. Edrychodd dros y clawdd i'r ardd. Nid oedd yno chwaith. Gwelodd P.C. Rivers yn ymbalfalu rhwng ei resi bresych yn ymyl ei dŷ gwydr. Gwaeddodd arno mewn llais dolefus,

'Welsoch chi Jona Ni? Ma' fe'n ddiweddar iawn yn dod at 'i ginio.'

Yr oedd gan P.C. Rivers ormod o falwod a lindys ar ei feddwl, a'i amser yn rhy brin i boeni uwchben problemau gwraig ofidus a ddisgwyliai am ei gŵr i ddod at ei ginio. Nid ei orchwyl ef oedd arwain dyn didoreth at ei salad.

'Ma' fe wedi mynd o'r tŷ ers dwyawr,' gwaeddodd Mrs Jona Jones.

Anwybyddodd P.C. Rivers ei dolefain. Plygodd drachefn uwchben ei fresych, a gwasgodd drychfilyn anffodus rhwng ei fys a'i fawd.

Yn brydlon am hanner awr wedi dau cyrhaeddodd

BOWEN AND SONS, LLANAMLWG
REMOVALS TO ALL PARTS OF BRITAIN
AND THE CONTINENT
TEL: LLANAMLWG 01289 715200

Dim ond hanner canllath oedd o Hafod Lon i'r tŷ capel, ond yr oedd Morgan Bowen o gwmni Bowen and Sons yn flaenor yng nghapel Moreia ac yr oedd y symudfa fer yn gyfle iddo ddangos ei fen gelfi ddiweddaraf i'r byd a'r betws. A mawr fu canmoliaeth Marged.

'Chododd y dyn bach ddim dime goch y delyn. Whare teg iddo fe.'

Ymgasglodd y cymdogion yn glonc i gyd.

'Ma' Jona Jones ar goll.'

'Ma' Mrs Jones off 'i phen.'

'Fuodd e ddim yr un peth ar ôl iddo fe ga'l y ffliw.'

'Ro'dd e'n edrych yn od yn Sêt Fowr Horeb, nos Sul.'

Nid oedd amynedd gan Morgan Bowen i wrando ar sgandal. Yr oedd Jona yn talu gormod o sylw i Mrs Morgan Bowen. Yn enwedig pan fyddai Morgan Bowen i ffwrdd ar y 'Continent'. Medden nhw.

Aeth y symudfa fawr yn ei blaen. Yr oedd Morgan Bowen yn hapusach ar ôl gweld ei wraig yn postio llythyr o flaen y Post Offis.

'Bydd yn well i Tomos Ni a Mr Bowen symud y cadno i'r tŷ capel,' meddai Marged, pan oedd Bowen yn cyfarwyddo'i feibion.

Y cadno o dan sylw oedd y llwynog marw a stwffiwyd a'i osod yn y cas gwydr cyn geni Marged. Ar hyd y blynyddoedd bu'r creadur mud a'r iâr yn ei geg yn syllu yn herfeiddiol ar bawb a ddeuai i wasgu eu trwynau ar y gwydr wrth ei edmygu.

Gafaelodd Tomos a Morgan Bowen yn y cas gwydr mor barchus â dau Lefiad yn gafael yn Arch y Cyfamod yn anialwch Sinai gynt.

'Byddwch yn ofalus,' siarsiodd Marged wrth iddynt symud yn angladdol o araf drwy'r drws.

'Cer o'r ffordd, Marged!' gwaeddodd Tomos, wrth iddo hanner baglu yn y pasej.

O gam i gam yn ofalus symudodd Tomos a

Morgan Bowen y menajeri ar draws y ffordd lydan, a chyrraedd y palmant o flaen y tŷ capel yn ddiogel.

Gwaeddodd y fenyw fochgoch o ffenestr llofft y tŷ melyn yn ymyl Moreia.

'Glywsoch chi fod Jona Jones ar goll?'

Aeth dwylo Tomos i grynu. Lwc na syrthiodd y cadno a'r iâr yn ffradach ar y palmant.

Wedi cyrraedd y tŷ capel yn ddiogel, gosodasant y cas gwydr yn ofalus, nid nepell o'r drws-llawr uwchben y seler. Sychodd y ddau eu chwys. Yna, clywsant floedd o'r seler. Dadfolltiodd Tomos y drws-llawr, a chodi'r caead. Yna, yn araf, daeth pen, ac ysgwyddau, a chorff cyfan Jona Jones i'r golwg, ac i fyny o'r dyfnder islaw. Yr oedd y dyn yn gynddeiriog.

'Cythreulied yw pobol Moreia. Hen sbeit yw peth fel hyn. Ma' tŷ capel Horeb o hewl yn well na'ch tŷ capel chi. Dyw Horeb ddim yn cadw llygod mowr yn y seler.'

Cyn i Tomos a Morgan Bowen gael amser i feddwl, na chyfle i symud y cadno â'r iâr yr oedd Jona yn brasgamu mewn tymer wyllt i gyfeiriad y drws.

Daeth sŵn gwydr yn torri'n deilchion. Yr oedd y cas gwydr yn gandryll, a'r cadno ar ôl y blynyddoedd maith wedi gollwng yr iâr o'i geg waedlyd.

Ond cyn y Sul bu Lewis Horeb a Jones Moreia yn cynnal trafodaethau heddwch rhwng y ddau enwad a llwyddwyd i ddwyn perswâd ar y naill a'r llall i dderbyn telerau oedd yn gymeradwy yn ysbryd yr Efengyl.

Sbyrjon

Cyn iddo gael ei eni yr oedd enw a thynged y Parchedig Salathiel Spurgeon Jones wedi cael ei setlo gan ei fam a'i fam-gu. Yr oedd y ddwy yn sicr eu meddyliau mai bachgen oedd yn y groth, a phan ddaeth y baban i'r byd yn pwyso deg pwys a deg owns, edrychent ymlaen yn eiddgar am y dydd pan fyddai Spurgeon bach yn un o hoelion wyth ei enwad. Bu bron torri ei galon ym mlynyddoedd ei blentyndod a'i fachgendod pan fyddai ei enw'n cael ei gamsillafu ar amlenni cardiau Nadolig a phen-blwydd. Aeth Salathiel yn Salatheil, a mynnai'r mwyafrif ysgrifennu Sbyrjon yn lle Spurgeon, a byddai hyd yn oed y prifathro wrth binio enwau tîm pêl-droed yr ysgol gynradd yn cyhoeddi mai Sal Spurjeon Jones oedd ceidwad y gôl. Ond pan arbedai gôl â'i ddwylo diogel, a'r cefnogwyr yn gweiddi 'Da iawn, Sal,' penderfynodd Salathiel mai digon yw digon am mai enw ar ferch yw Sal.

Aeth y blynyddoedd heibio, a sylweddolwyd y byddai breuddwydion y fam a'r fam-gu'n cael eu gwireddu pan gymhellwyd ef, gan ei fam-eglwys, i fynd i'r Weinidogaeth. Wedi blynyddoedd llafurus yng ngholeg diwinyddol ei enwad, llwyddodd i gael galwad i Fethel,

Rhyd-y-gors, heb ddim i'w gymeradwyo ond môr o lais, tystysgrif resymol, a'r sibrydion o'i garwriaeth ysbeidiol â merch ieuengaf y pen-blaenor a roddodd ei ferched eraill i saer maen, dyn siwrin, a bwci, heb i hynny fod yn ofid iddo ar wahân i'r ffaith fod yr wyrion a'r wyresau'n cyrraedd yn amlach nag y dymunai. Ac oerodd ei sêl a'i frwdfrydedd at yr Achos pan ddaeth i'w glustiau fod cannwyll ei lygaid yn debygol o gael cynnig i fod yn ail wraig i'r Sais o bublican a deyrnasai yn y Llew Coch, ac nid rhyfedd i'w thad ymddiswyddo o gadeirydd-iaeth y Pwyllgor Moes a Dirwest. Ond er pob dyfalu rhesymol ac afresymol am ddyfodol carwriaethol gweinidog Bethel, daeth ef ei hun i'r penderfyniad y medrai ddygymod â bywyd yn well wrth fyw ar ei ben ei hun. Ac felly y bu.

Ar ôl yr oedfa nos Sul ym Moreia, cododd y Siopwr ar ei draed. Wedi pesychiad nerfus cyhoeddodd yn glir ac yn bendant, fel pe bai yn annerch llond capel:

'Bydd trefn yr oedfaon fel arfer y Sul nesaf, a'r Parch. Salathiel Spurgeon Jones, Bethel, Rhyd-y-gors, yn gwasanaethu yn yr Arglwydd. Bydd y casgliad yn oedfa'r hwyr yn mynd i gynnal eglwysi gweinion y Cyfundeb.'

Llusgodd y pump ar hugain eu traed wrth fynd allan i gerdded llwybrau materol y byd. Yn y lobi yr oedd Mrs Eleias Elis yn disgwyl, er mwyn cael gair â Marged.

'Gair o gyngor i chi, Mrs Williams. Gofalwch na fyddwch chi'n stwffio gormod o fwyd ar y pregethwr Sul nesa.'

Rhoddodd Mrs Elis fflic ysgafn i ben y carlwm dros ei hysgwydd chwith i brofi ei hawdurdod yng nghynteddau Moreia. Ni syflodd Marged, ac ni ildiodd hanner modfedd o deilsen goch y lobi o dan ei thraed.

'Wnes i ddim deall, Mrs Elis fach. Sori.'

'Ma' fe'n byta fel tase fe heb ga'l bwyd ers wthnose.'

Ymsythodd Marged i ateb Mrs Elis.

'Ma'n rhaid i'r tlawd bach ga'l bwyd. Rwy'n lico gweld pregethwr yn byta llond 'i fola.'

Trodd Marged ei chefn ar Mrs Elis, i siarad â Mrs Andreas Jones, gwraig y gweinidog. Crychodd Mrs Eleias Elis ei thrwyn wrth gamu'n benuchel tuag adref yn ffyddiog y byddai ei gŵr methedig wedi llwyddo i gael y tegell trydan i ferwi cyn ei hymddangosiad. Ers naw mlynedd dysgasai Eleias Elis blygu yn ostyngedig i afael cyndyn yr arthreitis, a gorchmynion beunyddiol ei wraig. Trwy drugaredd berwodd y tegell ar yr union foment y cyrhaeddodd hi drothwy'r drws, fel pe bai yntau hefyd yn ildio i'w dymuniadau.

Bore dydd Gwener daeth llythyr oddi wrth y

Parchedig Salathiel Spurgeon Jones i ddweud ei fod yn cyrraedd gyda'r bws hanner awr wedi chwech nos Sadwrn.

'Pam ma'r criadur yn dod nos 'fory? Ma' pob pregethwr call yn dod bore Sul,' meddai Tomos.

Mynnodd Marged ddadlau o blaid y pregethwr.

'Ma' digonedd o fwyd ar 'i gyfer, a digon o le iddo fe i gysgu. Ma' fe'n gweud yn 'i lythyr fod y moto wedi torri lawr, ac ar stop. All y dyn bach ddim help am hynny.'

Aeth Tomos allan i'r ardd i glirio'r annibendod. Yr oedd y ficer, y Parchedig John Padarn Huws, yn dod i lawr y ffordd yn gefnsyth, ac yn ofalus, ar ei feic. Cyn cychwyn o'r ficerdy bu i fyny yn yr atig yn amseru ei bregeth ar gyfer y Sul, a'i chael yn naw munud ac ugain eiliad. Llongyfarchodd ei hun am nad oedd yn rhy hir nac yn rhy fyr.

Breciodd, a safodd i edrych dros y berth i'r ardd. Nid oedd am anwybyddu yr un Presbyteriad.

'Bore da, Mr Williams. Shwd y'ch chi a Marged Williams yn setlo lawr yn y tŷ capel?'

'Yn dda iawn, diolch. Ond ma' tipyn o waith yn yr ardd. Ddaw fowr o drefen arni leni,' atebodd Tomos, gan boeri nes bod y gwynt yn gwasgaru ei boer fel gwe pryf copyn.

Tosturiodd y ficer wrtho. Gallai cyflwr gresynus yr ardd dorri calon unrhyw un flynyddoedd yn iau na Tomos. Aeth 'Padarn' yng Ngorsedd yn ei flaen i ymweld â'r Saeson a ddaethai i fyw i'r Felin, er mwyn eu gwahodd i'r eglwys. Yr oedd ganddynt hwythau eu problem tra gwahanol, oblegid aethai'r borfa o gwmpas y tŷ yn brin i gynnal Romeo, bwch gafr a ddaeth yn bencampwr rhai o sioeau Lloegr, a Lady Rosemary Ann yr afr ifanc.

Yr oedd y Sais yn pwyso ar glwyd y Felin a golwg wedi difaru-dod-i-Gymru arno.

'Good day, vicar. Do you know of any farmer who will allow Romeo to graze on his land for a couple of weeks to give me time to sort things out?' gofynnodd y Sais gofidus a dalasai grocbris a hanner am y Felin.

Yr oedd gan y ficer syniad gobeithiol.

'Don't worry. I think I can find Romeo plenty of free pasture. A friend of mine who has moved in to the chapel house of the Presbyterian chapel, has an overgrown garden.'

Siriolodd llygaid y wraig eiddil wrth iddi gyrraedd i ymyl ei gŵr. Clywsai cyn hyn am garedigrwydd y Cymry oedd yn gwerthu eu heiddo mor rhad, er bod ei gŵr yn amau hynny erbyn hyn. Ond yn awr dyma gynnig porfa i Romeo yn rhad ac am ddim. A thynerodd calon y gŵr.

'God bless you, vicar. We'll come to your church on Sunday evening.'

Syllodd ar ei wraig.

'How about that, darling. I can visit my club in town, after the service.'

Prynhawn Sadwrn yr oedd Romeo dros ei glustiau yn y porfeydd gwelltog yng ngardd tŷ capel Moreia. A chyrhaeddodd y Parchedig Salathiel Spurgeon Jones gyda'r bws hanner awr wedi chwech. Yr oedd Marged yn disgwyl amdano yn groeso i gyd.

'Mr Sbyrjon bach, dyma chi wedi dod. Croeso mowr i chi. Gnewch ych hunan yn gartrefol. Newydd symud i'r tŷ capel ma' Tomos a fi.'

Nid oedd angen iddi ei gymell. Nefoedd y Parchedig Salathiel Spurgeon Jones oedd treulio penwythnos mewn tŷ capel, a chael y deiliaid i weini arno. Ni welsai Tomos bregethwr mor gorfforol-fawr erioed. A siaradai mor bregethwrol, a gramadegol gywir, neu yn hytrach gwnâi ymdrech deg i gyrraedd iaith y pulpud.

'A fyddech chi Mr Williams mor garedig ag ymwrthod rhag ysmygu? Mae mwg myglys yn amharu ar fy organau lleisiol.'

Cynhyrfodd Tomos bilen ei glust agosaf at y llais rhag ofn nad oedd wedi clywed yn iawn. A oedd y clorwth dwy-stôn-ar-bymtheg yn ei wahardd rhag smocio ar ei aelwyd ei hun? Ei aelwyd ef a Marged fyddai hi tra parhaent yn ddeiliaid Moreia, ond ni fyddai'r denantiaeth honno'n para'n hir os deuai rhagor o siort Sbyrjon i aros dros y Sul. A man a man iddo ddweud 'mwg baco' yn lle prepian 'mwg y myglys'. Sylweddolodd Tomos fod penwythnos annioddefol o'i flaen.

Daeth Marged yn ei ffrog felen a'i ffedog biws i gyhoeddi yn foneddigaidd fod y swper yn barod. Eisteddodd Tomos a Sbyrjon wrth y bwrdd llwythog gan gewcio'n amheus ar ei gilydd.

A dyna wledd. Ham a ddyfeisiwyd i ddathlu Jiwbili'r Frenhines Fictoria. Picls. Salad. Tatws newydd o'r Aifft. (Er i Tomos awgrymu na fuasai Pharo yn edrych arnynt, anwybyddu hynny a wnaeth y pregethwr.) Bara cartref o wneuthuriad Marged, a menyn cartref o Gors Fawr yn drwch arno. Llond dysgl o grisps, yr edrychai Tomos yn chwyrn arnynt. Hwn oedd y tro cyntaf i Marged ymddisgleirio fel gwraig y tŷ capel, a gwnaeth yn fawr o'i chyfle.

'Bytwch 'nawr, Mr Sbyrjon, er mwyn i chi fod yn gryf i bregethu fory.'

'Meistr Jones yw'r enw, Meistres Williams.'

'Sori mowr, Mistir Jones.'

Daliodd Marged i glebran. Cofiodd am Ifan Defi.

'Ma' gen inne nai sy'n bregethwr fel chi, Mistir Sbyrj—, sori, Mistir Jones.'

'Pwy ydyw'r nai ffodus sy'n perthyn i chi?'

'Ifan Defi, gweinidog Sardis. Ma' fe a Megan yn riteiro mla'n 'ma.'

'Doeth iawn, wir. Hen fachgen iawn yw eich nai. Trueni mawr na fuasai'n defnyddio iaith William Morgan. Mae'n dueddol iawn i lefaru bratiaith o'r pulpud, ac y mae hynny wedi bod yn ei erbyn, a'i lesteirio rhag dringo'n uwch yn ein Cyfundeb.'

Disgynnodd ias oer fel llwydrew dros y bwrdd swper. Chwyrnai Tomos fel llew yn breuddwydio. Ymdawelodd Marged.

Mentrodd Tomos estyn ei law i grafangu yn y botel bicls, ond trwy'r niwl canfu gefn llaw ac iddi bump o fysedd yn cipio'r botel yn groes i'r bwrdd. A chwyrnodd y llew yn fwy gyddfol.

Cododd Marged i arllwys te i'r pregethwr. Ond wele'r law a gipiodd y botel bicls yn gorchuddio'r cwpan.

'Esgusodwch fi, Meistres Williams. A fyddai gwahaniaeth gennych pe bawn yn cael coffi trwy laeth ar ôl imi glirio'r plât lluniaeth os gwelwch fod yn dda. Gwaetha'r modd nid yw fy nghylla'n rhy hoff o de, yn enwedig ar adeg swper. Gyda llaw, a gaf fi ychwaneg o ham y Jiwbili?'

A rhuodd y llew ym mynwes Tomos y drydedd waith.

'Ma' dy grombil di'n iawn,' mwmialodd Tomos ag ef ei hun.

Wedi swper hir-fwyteig gofynnodd y pregethwr am ganiatâd i fynd allan i ystwytho'i gymalau cyn mynd i orffwys. Aeth Tomos ag ef allan i ganol anialwch yr ardd, gan egluro nad oedd wedi cael amser eto i glirio'r annibendod.

Mentrodd Salathiel Spurgeon Jones i ganol y diffeithwch a'r dryswig fel rhyw Livingstone y gwelsom ei lun yn ein llyfrau ysgol gynt. Cododd Romeo ei drwyn o'r borfa, i weld pwy oedd y dieithryn a dresbasai ar ei diriogaeth. A phenderfynodd y bwch gafr ymosod ar y gelyn ddyn. Daeth pregethwr y Sul hefyd i'r penderfyniad fod adeg argyfyngus ei fföedigaeth wedi dod ac er ei bwysau trwm rhoddodd ei draed yn y tir glaswelltog i chwilio am ddiogelwch. Gorweddodd Tomos ar y clawdd a'i ochrau bron hollti gan chwerthin wrth weld chwech o goesau'n carlamu heibio, a'r erlidiedig yn diflannu drwy'r bwlch yn y berth. Yna, safodd Romeo'n stond gan wthio'i fynwes allan megis cadfridog wedi cael buddugoliaeth mewn brwydr.

Aeth Tomos i chwilio am y ffoadur a daeth o hyd iddo yn y fynwent yn ymladd am ei anadl wrth bwyso ar garreg fedd Arthur Celyn Prosser, o'r Plwyf Hwn . . . Edrychodd yn syber ar Tomos cyn meddiannu ei anadl i lefaru yn iaith y pulpud, 'Fel y gwelsoch chi, â'ch llygaid eich hun, Meistr Williams, y mae'n fanteisiol i ymarfer corff yn feunyddiol, hyd yn oed pan fyddo eich fföedigaeth yn golygu cyrraedd y fynwent.' A cherddodd y ddau'n hamddenol i'r tŷ capel.

Cyn i'r Parchedig fynd i'w wely y noson honno gofynnodd Marged yn foneddigaidd:

'Gymrwch chi gig mochyn a dou wy i frecwast bore 'fory?'

'Ardderchog iawn, Meistres Williams. Byddai dwy dafell gymhedrol o dost, a marmalêd yn ogystal, yn dra derbyniol.'

Ar ôl iddo argyhoeddi un o'r gynulleidfa o ddau mai ef oedd yr olaf o bregethwyr huawdl y genedl a fedrai ei thiwnio hi pan chwythai'r awel o'i blaid, dringodd y Parchedig Salathiel Spurgeon Jones i'r llofft i'w wely. Ac yn llonyddwch heddychol cornel y gegin ymestynnodd Tomos at ei bibell oedd y tu cefn i'r pot blodau. Bellach gallai fwynhau mygyn hwyrol heb i'r un estron ei wahardd.

'Dyna ddyn bach neis. Gobeithio y bydd e'n enjoio gyda ni,' meddai Marged.

Ond drylliwyd y tawelwch gan lais yn gweiddi o'r llofft.

'Meistres Williams. A fyddai'n ormod o drafferth i chi pe bawn i'n cael llond siwg o ddŵr ar y bwrdd yn ymyl y gwely?'

Mwstrodd Marged yn helbulus i ymateb. Tynnodd Tomos yn ffyrnig ar ei bibell, gan obeithio y byddai'r mwg yn esgyn i stafell wely'r lletywr penwythnos.

Daeth Marged i lawr o'r llofft yn llawn ffwdan, ac wrth ei bodd yn gwasanaethu gwas yr Arglwydd. Gofidiai am na fuasai wedi meddwl am roi dŵr yn ymyl ei wely. Gobeithio y byddai'r Brenin Mawr yn maddau iddi am ei hesgeulustod ond, gydag amser a phrofiad, fe ddeuai hithau'n fwy cyfarwydd â dyletswyddau gwraig tŷ capel. Daeth yr adeg iddi ddisgyblu Tomos ar gyfer y trefniadau fore Sul.

'Fe gei di a'r pregethwr gig moch a wye i frecwast, a gofala na fyddi di'n byta nes bydd e wedi gofyn bendith. Cofia dy fod ti'n cau dy lyged pan fydd e'n gneud hynny.'

'Rwy'n mo'yn bara te.'

'Chei di ddim bara te borc fory, a dyna ddiwedd ar y peth. Ma' ise clymu dy ben di os wyt ti'n meddwl y bydde gwraig tŷ capel yn rhoi bara te i'r gŵr o dan drwyn pregethwr dierth.'

Bore trannoeth cododd Marged yn blygeiniol. Hwn oedd y Sul cyntaf iddi hi a Tomos ar aelwyd eu cyfrifoldeb. Bu ar ddihûn ymhell cyn i'r haul wenu ar eglwys y plwyf, ac yr oedd arni ofn syrthio i gysgu drachefn rhag iddi fethu â deffro mewn pryd i baratoi brecwast i'r gŵr pwysig a oedd, yn ôl Tomos, yn chwyrnu fel injan ddyrnu y tu arall i'r palis.

Yn ddistaw a gofalus disgynnodd Marged o ris i ris dros y grisiau.

Erbyn hyn disgleiriai'r haul yn llachar drwy ffenestr y gegin, fel pe bai'r dydd wedi cael ei drefnu'n berffaith iddi hi a Tomos gychwyn ar eu dyletswyddau pwysig. Dilynwyd hi gan Tomos yn llewys ei grys.

'Dere â bara te i fi cyn daw'r ionc 'na o'dd yn hwrnu drw'r nos lawr stâr.'

'Chei di ddim bara te'r bore 'ma. Dwy i ddim am i'r dyn bach fynd o gwmpas y wlad i 'weud fod gŵr tŷ capel Moreia yn ca'l bara te i frecwast. Fi fydd yn ca'l y bai, a bydd pawb o'r Cwrdd Mishol i'r Sashwn yn llyncu'r stori.'

Synhwyrodd y ddau fod rhywun wedi dod i'r gegin. Yno, yn eu hymyl, yr oedd y Parchedig Salathiel Spurgeon Jones yn holl urddas ei ddillad nos. Cododd Marged ei dwylo mewn syndod.

Wel, wel, Mr Sbyrjon bach, ry'ch chi'n

edrych yn grand. Rhaid i ti Tomos ga'l pâr o beijamas fel'na rhag ofan y bydd yn rhaid iti fynd i'r hospital.'

Nid oedd gan y pregethwr unrhyw ddiddordeb mewn afiechydon sydyn. Llefarodd yn hyglyw.

'Mi garwn i gael glasied o lefrith twym, os gwelwch fod yn dda. Yna, mi af yn ôl i eillio.'

Ni wyddai Marged beth oedd 'eillio', ond dyfalodd beth oedd ystyr llefrith.

'Cewch, â chroeso. Ry'ch chi'n gall iawn i ofyn. Fel gwedodd y 'Postol Paul. "Ceisiwch a chwi a gewch!"'

'Yr Arglwydd Iesu ddywedodd hynny, Meistres Williams.'

'Gwedwch chi hynny. Fe ddylech chi wbod,' meddai Marged wrth chwilio am sosban i ferwi'r llaeth.

Aeth Tomos allan i'r ardd i gael mygyn. Cludwyd aroglau hyfryd y bacwn allan drwy'r drws agored. Ni fedrai weld Romeo yn unman, a daeth o hyd iddo â'i gyrn yn sownd yn y weiren bigog. Bu'n drafferthus iawn arno i ryddhau'r hwrdd o'i gaethiwed pan sylweddolodd ei fod yn ei ddillad Sul. Teirgwaith y galwodd Marged arno fod ei frecwast yn barod.

Cyrhaeddodd y tŷ pan oedd y Parchedig ar fin gorffen ei frecwast, neu felly yr ymddangosai'r sefyllfa cyn i Tomos gael ei synnu gan y cais annisgwyl o gyfeiriad y bwrdd.

'Esgusodwch fi, Meistres Williams. Mi garwn i gael sleisen neu ddwy ychwanegol o'r bacwn. Mae blas bendigedig arno. Ac os caf ddweud, Meistres Williams, yr ydych wedi ei goginio yn berffaith. Pan fyddaf yn brecwasta mewn tai capeli o hyn allan byddaf yn dweud wrth y gwragedd y fath gogyddes ydych chi. Mae eglwys Moreia wedi bod yn dra ffodus.'

Yn rhy ddiweddar sylweddolodd Tomos fod Marged, o dan y fath ganmoliaeth, wedi trosglwyddo'r ddwy sleisen o facwn o'i blât ef i blât y pregethwr. Rhegodd o dan ei ddannedd wrth weld yr wy unig a adawyd yn amddifad ar ei blât.

Naw munud cyn deg o'r gloch bloeddiodd y pen-blaenor wrth ddrws agored y tŷ capel i ddweud wrth y pregethwr nad oedd ganddo fawr o amser i sefyllian, a brysiodd yntau i'r llofft yn ei wylltineb. Sylwodd Tomos wrth fynd allan i'r oerfel fod y bregeth ar fraich y gadair, a gwthiodd hi o'r golwg o dan y glustog cyn rhuthro i'r capel yn hunanfodlon o'i weithred.

Canodd cloch yr eglwys i gyhoeddi ei bod bron yn ddeg o'r gloch pan gychwynnodd y gennad am y Sul ar ei daith hanner-canllath i gapel Moreia. Gwaeddodd ar Marged i ofyn iddi a oedd hi am iddo gau'r drws, ond ni chafodd ateb.

Croesodd y cyntedd, ond yn hytrach na mynd i'r addoldy drwy ddrws y ffrynt a cherdded i lawr yr ale i'r set fawr penderfynodd fynd drwy'r festri. Safodd yn sydyn wrth weld y dyn a'r fenyw'n sefyllian o flaen drws y festri. Yr oedd yn eu hadnabod, a gallai synhwyro eu bod hwythau wedi dod i chwilio amdano ef wedi'r holl flynyddoedd. Rhedodd yn ei ôl i'r tŷ capel, ac i fyny'n ddistaw i'r llofft i gyrchu ei gas dillad cyn rhuthro allan i'r stryd.

Cyn y cynnar brynhawn yr oedd y stori am ei ddiflaniad sydyn yn dew drwy'r dref, ac yn rhyfedd iawn nid oedd neb wedi ei weld, ac er i'w howscipar yn 'Y Mans', Rhyd-y-gors, ddisgwyl yn amyneddgar, a chael siom wrth ateb y ffôn bob tro, ni ddychwelodd ei meistr.

O dro i dro tystiai rhywrai iddynt ei weld yng Nghaerdydd, Bryste, Hwlffordd, a hyd yn oed yn Nulyn. Ond ni fedrai neb fod yn bendant.

Daeth Marged ar draws y bregeth o dan glustog y gadair, ac fe'i trosglwyddodd i ofal y Parchedig Andreas Jones, gweinidog Moreia.

'Dyma destun rhyfedd,' meddai yntau wrth ei ddarllen.

'Salm 38.19: Y mae fy ngelynion yn fyw ac

yn gedyrn. Amlhawyd hefyd y rhai a'm casânt
ar gam.'

Ni chafwyd eglurhad hyd yn hyn ar ddiflaniad
y Parchedig Salathiel Spurgeon Jones, gweinidog
Bethel, Rhyd-y-gors.